Biosphäre 6

Lösungen

Sachsen

Cornelsen

Biosphäre
Band 6 Gymnasium Sachsen
Lösungen

Autorinnen und Autoren:
Stefan Auerbach, Karlsruhe; Andreas Bauer, Papenburg; Dr. Werner Bils, Tübingen; Pia Bordes-Sagner, Dresden; Anke Brennecke, Langerwehe; Silke Bringezu, Leipzig; Frank Deutschmann, Burgwedel; Anne-Kathrin Dierschke, Winsen (Luhe); Peter Emmler, Wiefelstede; Robert Felch, Mögglingen; Heidemarie Frasiak, Radebeul; Dr. Axel Goldberg, Leipzig; Daniela Grabenstein, Gifhorn; Simone Grimm, Hünxe; Franziska Hach, Deutsch Evern; Angelika Huber, Reppenstedt; Yvonne Hübner, Borna; Lutz Jaeger, Deutsch Evern; Dr. Horst Janz, Tübingen; Prof. Dr. Hansjörg Küster, Hannover; Dr. Karl-Wilhelm Leienbach, Münster; Andre Linnert, Siegen; Prof. Dr. Anke Meisert, Hannover; Martin Post, Arnsberg; Gabriele Rupp, Stutensee; Annegret Schlegel, Peine; Dr. Stephanie Schrank, Ulm; Hans-Jürgen Staudenmaier, Pfinztal; Constanze Steinert, Lengenfeld; Dr. Matthias Stoll, Tübingen; Michael Szabados, Denzlingen; Dr. Hans-Joachim Winkhardt, Stuttgart

Redaktion: Aljoscha Metz

Designberatung: Katharina Wolff-Steininger

Layoutkonzept, Umschlaggestaltung: SOFAROBOTNIK GbR, Augsburg & München

Layout und technische Umsetzung: zweiband.media, Berlin

Grafik: Karin Mall; Tom Menzel; newVISION! GmbH – Bernhard A. Peter; Detlef Seidensticker; Werner Wildermuth

Begleitmaterial zu Biosphäre Gymnasium Sachsen 6

Schülerbuch	ISBN 978-3-06420258-0
Schülerbuch als E-Book	ISBN 978-3-06420267-2
Arbeitsheft zum Schülerbuch	ISBN 978-3-06420279-5
Unterrichtsmanager Plus auf USB-Stick inkl. E-Book als Zugabe und Begleitmaterialien	ISBN 978-3-06420285-6
Unterrichtsmanager Plus online inkl. E-Book als Zugabe und Begleitmaterialien auf cornelsen.de	ISBN 978-3-06420291-7

www.cornelsen.de

Dieses Werk enthält Vorschläge und Anleitungen für Untersuchungen und Experimente. Vor jedem Experiment sind mögliche Gefahrenquellen zu besprechen. Beim Experimentieren sind die Richtlinien zur Sicherheit im Unterricht einzuhalten.

1. Auflage, 1. Druck 2020

Alle Drucke dieser Auflage sind inhaltlich unverändert und können im Unterricht nebeneinander verwendet werden.

Druck: H. Heenemann, Berlin

ISBN 978-3-06-420273-3

PEFC
PEFC/04-31-1156

PEFC zertifiziert
Dieses Produkt stammt aus nachhaltig bewirtschafteten Wäldern und kontrollierten Quellen.

www.pefc.de

Bildnachweis
Titelbild Schmetterling: Shutterstock.com/domnitsky

Die Biologie beschäftigt sich mit Lebewesen

Samenpflanzen

1 Bau der Samenpflanzen

Bau und Aufgaben von Wurzel, Sprossachse und Laubblatt

Seite 10–11

1 Nenne die Aufgaben der Wurzeln einer Samenpflanze!
Die Wurzeln einer Pflanze befestigen die Pflanze im Boden. Über die Wurzeln nimmt eine Pflanze Wasser und darin gelöste Mineralstoffe auf.

2 Beschreibe den Bau der Sprossachsen von Raps, Rosskastanie, Knallerbsenstrauch und Hafer!
Raps: bis 1 m lang/1 cm dick, verzweigt, grün, nicht verholzt
Rosskastanie: bis 30 m lang/1 m, stark verzweigt, stark verholzt, braune Borke
Knallerbsenstrauch: bis 2 m lang/1 cm, von unten stark verzweigt, stark verholzt, rotbraune Borke
Hafer: bis 50 cm lang/0,5 cm, nicht verzweigt, nicht verholzt, innen hohl, grün

3 Beschreibe den Weg des Wassers in der Samenpflanze!
Das Wasser gelangt aus dem Boden in die Wurzel. Durch Leitungsbahnen in der Sprossachse wird es nach oben in alle Teile des Blattes und der Blüte geleitet.

4 Erkläre, warum die Fotosynthese für alle Lebewesen lebenswichtig ist!
Die Fotosynthese ist für alle Lebewesen lebenswichtig, weil dadurch die grünen Pflanzen energiereiche Nährstoffe aus energiearmen Stoffen herstellen können. Andere Lebewesen können das nicht und sind somit in der Nahrungskette auf Pflanzen angewiesen um Energie für ihre Lebensprozesse zu erhalten.

Seite 12–13 (Material)

Material A – Grundorgane als Nahrungsmittel

A1 Nenne und beschreibe die pflanzlichen Grundorgane, aus denen die abgebildeten Nahrungsmittel bestehen!

Der *Spargel* ist die verdickte weiße Sprossachse der Spargelpflanze. Seitlich sind die sehr kleinen Blätter des Spargels zu erkennen.
Der *Salat* besteht aus den Blättern der Salatpflanze. Sie sind grün und auffällig groß.
Die *Karotte* ist die Wurzel der Karottenpflanze. Sie ist dickfleischig und orange gefärbt. An manchen Stellen sind kleine Seitenwurzeln zu erkennen.

A2 Erstelle eine Tabelle, in der du für die drei Grundorgane je eine Spalte anlegst! Trage die Nahrungsmittel in die dazu passende Spalte ein!

Wurzel	Spross	Blatt
Karotte	Spargel	Salat

A3 Füge deiner Tabelle folgende Nahrungsmittel hinzu und ordne sie in die passende Spalte ein: Lauch, Rotkohl, Kohlrabi, Radieschen, Rettich und Spinat!

Wurzel	Spross	Blatt
Karotte	Spargel	Salat
	(Lauch)	Lauch
		Rotkohl
	Kohlrabi	
	Radieschen	
Rettich		
		Spinat

Zusatzinformation: Bei einer Lauchstange (Allium porrum var. porrum) oder Porree handelt es sich hauptsächlich um die Blätter der Pflanze, die einen sogenannten Scheinspross bilden. Der eigentliche Spross ist stark reduziert (die Scheibe am Fuß der Lauchstange). Aus ihm entspringen die zahlreichen Wurzeln der Pflanze. Beim Kohlrabi (Brassica oleracea ssp. oleracea) liegt eine Sprossknolle vor. Deutlich erkennbar sind die Blattansätze an der ganzen Knolle. Das Radieschen (Raphanus sativus ssp. sativus) hingegen ist eine Hypokotylknolle. Hier setzen die Blätter nur im oberen Bereich der Knolle an, der größte Teil der Knolle ist das Hypokotyl und frei von Blattansätzen.
Literaturhinweise: Lieberei/Reisdorff, 2007, Nutzpflanzenkunde (ehemals Franke: Nutzpflanzenkunde)

Material B – Grundorgane können unterschiedlich aussehen

B1 Benenne die einzelnen Pflanzenteile beim Hahnenfuß und bei der Rosskastanie!
Hahnenfuß: Wurzel, Spross: Sprossachse (Stängel), Laubblätter, Blüten
Rosskastanie: Wurzel, Spross: Sprossachse (Stamm), Laubblätter, Blüten

B2 Vergleiche die Grundorgane des Hahnenfußes und der Rosskastanie! Erläutere Gemeinsamkeiten und Unterschiede!
Hahnenfuß und Rosskastanie bestehen aus Wurzel, Spross und Blättern. Beide haben Blüten. Die Wurzeln der Rosskastanie sind größer und viel dicker als die Wurzeln des Hahnenfußes. Die Sprossachse ist bei der Rosskastanie als Stamm ausgebildet, die Pflanze ist sehr groß. Die Rosskastanie ist ein Baum, der Hahnenfuß ist eine viel kleinere Pflanze.

Material C – Oberflächenvergrößerung

C1 Berechne die Oberfläche der vier Körper und erläutere das Verhältnis zwischen Oberfläche und Form des Körpers! Gehe dabei davon aus, dass die Kantenlänge des Würfels einen Zentimeter beträgt!
a) 50 Quadratzentimeter, b) 53 Quadratzentimeter,
c) 38 Quadratzentimeter, d) 40 Quadratzentimeter
Je stärker gegliedert oder verzweigt der Körper ist, desto größer ist seine Oberfläche, auch wenn das Volumen des Körpers konstant bleibt.

C2 Vergleiche das Modell mit der Wurzelspitze!
Die Form des Körpers B ähnelt stark der Wurzelspitze, die ebenfalls verzweigt ist.

C3 Erläutere mögliche Vorteile, die sich aus der großen Anzahl der Härchen an der Wurzelspitze ergeben!
Durch die Wurzelhärchen ist die Oberfläche der Wurzelspitze stark vergrößert. Die Pflanze kann dadurch besser Wasser und darin gelöste Mineralstoffe aus dem Boden aufnehmen. Das Prinzip nennt man Oberflächenvergrößerung.

Material D – Pflanzen verdunsten Wasser

D1 Erstelle ein Versuchsprotokoll!
Versuchsprotokoll (Datum)
Frage: Was passiert mit dem Wasser in der Pflanze?
Vermutung: In der Pflanze strömt Wasser von unten nach oben.
Material: Blumentopf mit Pflanze, Plastikbeutel, Lampe/Strahler
Aufbau und Durchführung: Der Plastikbeutel wird über die Pflanze gestülpt und vorsichtig am Stil zugebunden. Die Pflanze wird mit dem Strahler beleuchtet.
Beobachtung: Nach einigen Minuten Beleuchtung beginnt der Plastikbeutel von innen zu beschlagen. Durch das Beleuchten der Pflanze beginnt Wasser an den Blättern zu verdunsten. Dieses Wasser schlägt sich an der Innenseite des Beutels nieder.

D2 Beschreibe den Weg des Wassers in einer Pflanze!
Das Wasser aus dem Boden wird über die Wurzeln aufgenommen und in den Leitbahnen durch die gesamte Pflanze nach oben transportiert. Ein Teil des Wassers wird an den Blättern der Pflanze nach außen abgegeben.

D3 Erläutere die Bedeutung der Verdunstung!
Durch Verdunstung an den Blättern kann in der Pflanze ein Wasserstrom von unten nach oben stattfinden. So können auch die oberen Teile der Pflanze mit Wasser und darin gelösten Mineralstoffen versorgt werden.

2 Von der Blüte zur Frucht

Aufbau einer Blüte

Seite 14–15

1 Vergleiche die Blüten der Kirsche und des Wiesenschaumkrauts miteinander! Lege dazu in deinem Hefter eine Tabelle an! Berücksichtige dabei die Anzahl der Kron- und Staubblätter und die Form des Fruchtknotens!

	Anzahl der Kronblätter	Anzahl der Staubblätter	Form des Fruchtknotens
Kirsche	fünf	zahlreich	ähnlich einer kleinen Flasche
Wiesenschaumkraut	vier	sechs (vier lange und zwei kurze)	schlank, Griffel nur wenig dünner als Fruchtknoten

Seite 17 (Material)

Material A – Blütenformen

A1 Gib an, mit welcher Farbe die einzelnen Blütenteile im Blütendiagramm gekennzeichnet sind! Beachte, dass bei einer der abgebildeten Pflanzen die Blätter der Blütenhülle die gleiche Farbe haben!

Gekennzeichnet sind:
grün: Kelchblätter
rot: Kronblätter
gelb: Staubblätter
blau: Stempel (Fruchtblätter)

A2 Ordne die abgebildeten Blüten den Blütendiagrammen zu! Begründe deine Zuordnungen!

Die Rapsblüte ist dargestellt im Diagramm A.
Die Blüte des Hahnenfuß ist dargestellt im Diagramm B.
Die Blüte des Bärlauchs ist dargestellt im Diagramm C.
Die Blüten lassen sich nach folgenden Merkmalen den Diagrammen zuordnen:
Hahnenfußblüte: Im Diagramm A erkennt man, dass die Staubblätter sehr zahlreich sind;
fünf Kron- und fünf Kelchblätter vorhanden sind.
Rapsblüte: Im Diagramm B erkennt man, dass vier Kron- und vier Staubblätter vorhanden sind.
Bärlauchblüte: Im Diagramm C erkennt man, dass sechs Kron- und sechs Kelchblätter vorhanden sind.

Versuch B – Untersuchung einer Tulpenblüte

B1 Zeichne ein Blütendiagramm der Tulpe in deinen Biologiehefter! Ziehe zunächst mit dem Zirkel Hilfslinien!

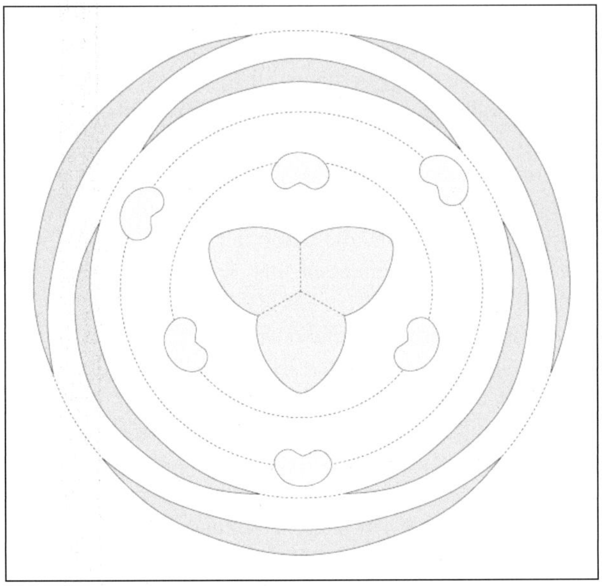

Cornelsen/Tom Menzel

B2 Vergleiche den Bau der Tulpenblüte mit dem einer Kirschblüte! Lege dazu in deinem Hefter eine Tabelle an! Trage in die Tabelle die Farbe und die Anzahl der einzelnen Blütenteile ein!

	Kelchblätter	Kronblätter	Staubblätter	Fruchtblätter (Stempel)
Tulpe	drei, rot, gelb, orange (nicht grün); gleiche Farbe wie Kronblätter	drei rot, gelb, orange; gleiche Farbe wie Kelchblätter	sechs	drei
Kirsche	fünf, grün	fünf, weiß	zahlreich	fünf

B3 Betrachte den Querschnitt des Stempels mit der Lupe! Zeichne das Bild mit einem Bleistift in deinen Biologiehefter!

In der Zeichnung sollte deutlich werden, dass der Stempel aus drei Fruchtblättern besteht.

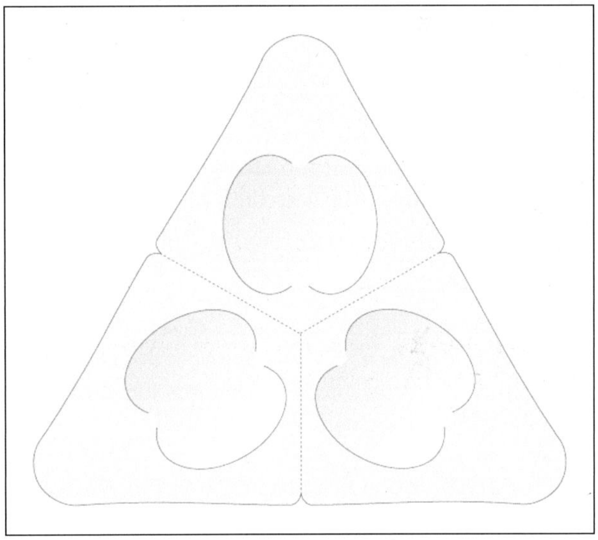

Cornelsen/Tom Menzel

B4 Beschreibe den Bau der Narbe und eines Staubbeutels! Nimm dazu das Binokular zu Hilfe!

Die Staubbeutel sind lang gestreckt und nur wenig dicker als die Staubfäden.
Die Narbe besteht aus drei Wülsten, die sich von der Mitte aus nach außen biegen.

B5 Botaniker bezeichnen Blüten wie die der Tulpe als dreizählig, weil im Blütendiagramm in jedem Kreis nur drei Blütenteile stehen. Gib die entsprechende Bezeichnung für die Blüte des Rapses und der Kirsche an!

Der Raps ist vierzählig und die Kirsche fünfzählig.

Bestäubung, Früchte und Samen

Seite 21 (Material)

Material A – Pollenkörner

A1 Beschreibe mit Fachbegriffen den Vorgang, der in der Abbildung zu erkennen ist!
Zu erkennen ist, wie Pollenschläuche aus den Pollenkörnern auswachsen. Die Pollenkörner haben eine kräftig gefärbte, rundliche Form. Die Pollenschläuche haben eine längliche Gestalt und eine blasse Farbe.

A2 Nenne den Ort in der Pflanze, an dem der in der Abbildung zu erkennende Vorgang abläuft!
Die Pollenschläuche wachsen aus den auf der Narbe liegenden Pollenkörnern aus und schieben sich durch den Griffel vor in Richtung des Fruchtknotens.

A3 Stelle Vermutungen darüber an, welcher Teil einer Blüte in der Natur die Aufgabe der Nährflüssigkeit übernimmt!
Die Aufgabe der Nährflüssigkeit übernimmt in der Natur das Gewebe, das ist der Zellverband im Inneren des Griffels.

A4 Erkläre, weshalb die meisten Pflanzen nur dann Samen, also Nachkommen, bilden können, nachdem der in der Abbildung dargestellte Vorgang abgelaufen ist!
Samen entstehen aus der befruchteten Eizelle. Die Eizelle wird von einer männlichen Geschlechtszelle des Pollenkorns befruchtet. Um die männliche Geschlechtszelle in die Nähe der Eizelle zu bringen, muss der Pollenschlauch auswachsen, sich strecken und sich durch den Griffel bis zum Fruchtknoten vorschieben.

A5 Beschreibe, wo in den abgebildeten Pollenkörnern die Zellen liegen, die den männlichen Geschlechtszellen der Tiere entsprechen!
Die männlichen Geschlechtszellen liegen in der Spitze des Pollenschlauchs. Diese Zellen entsprechen den Spermienzellen der Tiere.

Material B – Bestäubung durch Wind oder Insekten

B1 Gib an, welche der abgebildeten Blüten vom Wind und welche von Insekten bestäubt werden! Begründe deine Antwort!
Vom Wind bestäubt werden die Rotbuche, die Brennnessel und der Roggen.
Von Insekten lassen sich die Rote Taubnessel, das Leinkraut und der Wiesenstorchschnabel bestäuben.
Insektenblütige Pflanzen erkennt man an den auffälligen Kronblättern der Blüten. Sie dienen dazu, Insekten anzulocken.
Windblütige Pflanzen haben kleine und unscheinbare Blüten. Häufig ragen ihre Staubblätter und Stempel weit vor, sodass der Wind sie leicht erreichen kann. Auf diese Weise werden die Pollenkörner schon bei schwachem Wind verweht. Durch die Luft transportierte Pollenkörner könnten nur schwer Narben erreichen, die tief in den Blüten verborgen wären.

B2 Hummeln sind schwere Insekten mit langen Rüsseln. Erläutere, welche der dargestellten Blüten vor allem von Hummeln bestäubt werden!
Das Leinkraut und die Rote Taubnessel haben Blüten, die von Hummeln bestäubt werden. Den Nektar am Grund der tiefen Blütenröhren, die beim Leinkraut sogar noch in einen Sporn auslaufen, können nur Insekten mit langen Rüsseln erreichen. Hummeln haben sehr viel längere Rüssel als die meisten anderen Insekten, wenn man von den Schmetterlingen absieht. Die kräftigen unteren Blütenteile der Taubnessel und des Leinkrauts dienen dazu, den schweren Hummeln einen stabilen Landeplatz anzubieten, von dem aus sie in die Blüte eindringen können.

B3 Leite aus den Abbildungen der einzelnen Pflanzenarten Aussagen zur Fortpflanzung, zur Struktur und Funktion und zur Angepasstheit ab!
Fortpflanzung: In den Blüten liegen die Geschlechtsorgane der Pflanze. Stempel sind die weiblichen, Staubblätter die männlichen Geschlechtsorgane.
Struktur und Funktion: Die Blüten sind in ihrem Bau (Struktur) so eingerichtet, dass sie bestimmte Aufgaben (Funktionen) erfüllen können. Blüten, die von Insekten bestäubt werden, haben große, oft auffällig gefärbte Kronblätter, die die Aufgabe haben, Insekten anzulocken. Die Blüten windblütiger Pflanzen sind so gebaut, dass sich die Pollen leicht mit dem Wind transportieren lassen. Sie haben zum Beispiel nur eine sehr kleine Blütenhülle, sodass die Staubgefäße frei im Wind stehen.
Angepasstheit: Blüten, die durch den Wind bestäubt werden (Rotbuche, Brennnessel und Roggen), haben kleine und unscheinbare Blüten. Die Blütenhülle verdeckt die Staubblätter kaum, sodass der Wind die Pollen leicht aus den Staubgefäßen auswehen kann. Die Pflanze kann sich den Aufwand an Material und Energie sparen, der erforderlich wäre, um eine große, auffällige Blütenhülle zu bilden. Die Blüten, die von Insekten bestäubt werden, sind auffällig gefärbt (Rote Taubnessel, Leinkraut und Wiesenstorchschnabel). Die Taubnessel und das Leinkraut haben zusätzlich noch Blütenteile, die sich als Landeplatz für schwere Insekten, zum Beispiel Hummeln, eignen.

3 Vielfalt und Verwandtschaft bei Samenpflanzen

Kreuzblütengewächse

Seite 22–24

1 Nenne die Merkmale, die alle Arten der Familie Kreuzblütengewächse gemeinsam haben!
Alle Kreuzblütengewächse haben Blüten, die aus vier Kron- und vier Kelchblättern bestehen. Die Kron- und Kelchblätter stehen sich kreuzförmig gegenüber. Im Blüteninneren findet man zwei kurze und vier lange Staubblätter und einen Stempel, der aus zwei Fruchtblättern entstanden ist. Die Früchte der Kreuzblütengewächse sind Schoten. Eine Schote entsteht aus den zwei Fruchtblättern mit einer Mittelwand, an der die Samen sitzen.

2 Beschreibe die Merkmale, durch die sich die Kreuzblütengewächsarten Wiesen-Schaumkraut und Hirtentäschelkraut unterscheiden!
Die Blüten des Wiesenschaumkrauts sind blasslila gefärbt, die des Hirtentäschelkrauts sind reinweiß. Außerdem sind die Blüten des Wiesenschaumkrauts größer als die des Hirtentäschelkrauts. Die Früchte des Wiesenschaumkrauts sind lang gestreckt, rund und dünn. Das Hirtentäschelkraut hat kleine, dreieckige, flache Früchte, deren Form an die Taschen erinnern, die früher die Hirten trugen. Die Laubblätter des Wiesenschaumkrauts sind so tief eingeschnitten, dass die Blattfläche in kleine Fiederblättchen aufgeteilt ist. Die Laubblätter des Hirtentäschelkrauts bestehen aus einer geschlossenen Fläche, die am Rand tief eingeschnitten ist, sodass ein grob gezähnter Blattrand entsteht

Seite 25 (Material)

Material A – Kennzeichen der Familie Kreuzblütengewächse

A1 Nenne die typischen Merkmale der Familie der Kreuzblütengewächse!
Kreuzblütengewächse haben vier Kron- und vier Kelchblätter, die jeweils kreuzförmig angeordnet sind. Von den sechs Staubblättern sind vier lang und zwei kurz. In der Mitte der Blüte steht ein Stempel, der aus zwei Fruchtblättern gebildet wird. Die Früchte sind Schoten.

A2 Nenne die Pflanzenarten, die der Familie der Kreuzblütengewächse nicht angehören! Begründe deine Zuordnung!
Zur Familie der Kreuzblütler gehören die Knoblauchrauke und das Ackerhellerkraut. Der Gamander-Ehrenpreis und das Schöllkraut sind keine Kreuzblütler.
Begründung: Die Knoblauchrauke und das Ackerhellerkraut zeigen alle Merkmale, die die Familie der Kreuzblütler auszeichnen. Der Gamander-Ehrenpreis hat zwar vier Kelch- und vier Kronblätter, aber anders als bei den Kreuzblütlern nicht sechs, sondern nur zwei Staubblätter. Das Schöllkraut hat ebenfalls vier Kronblätter, die in der Anordnung den Blüten der Kreuzblütler ähneln. Im Unterschied zu den Kreuzblütlern aber hat das Schöllkraut mehr als sechs Staubblätter.

Material B – Nutzpflanzen aus der Familie der Kreuzblütengewächse

B1 Nenne die durch Züchtung veränderten Pflanzenteile, durch welche die jeweiligen Pflanzen zu Nutzpflanzen wurden!
Verändert wurden bei:
- **A** der untere Teil der Sprossachse
- **B** die Blüten und Blütenstiele
- **C** die Wurzel
- **D** die Laubblätter und die Sprossachse
- **E** die Seitensprosse
- **F** die Früchte und Samen

B2 Nenne Beispiele für Pflanzen, die zu den Abbildungen A, B, D, E passen!
Beispiele für Kohlsorten, die zu den Abbildungen passen, sind:
- **A** Kohlrabi
- **B** Blumenkohl
- **D** Weißkohl, Wirsing, Rotkohl
- **E** Rosenkohl

Schmetterlingsblütengewächse

Seite 26–27

1 Nenne die typischen Kennzeichen der Schmetterlingsblütengewächse!
Typische Kennzeichen sind:
Blütenbau: 5 Kelchblätter zu Kelch verwachsen, Kronblätter heißen Schiffchen, Fahne, Flügel, 10 Staubblätter, langgestrecktes Fruchtblatt
Laubblätter: gefiedert oder dreizählig oder gefingert
Früchte: Hülsenfrucht
Wurzel: mit Knöllchenbakterien

Seite 29 (Material)

Material A – Schmetterlingsblütengewächse als Nutzpflanzen

A1 Vergleiche die Pflanzen Soja-Bohne und Erdnuss! Nimm die Abbildungen und die Steckbriefe zu Hilfe!

Merkmal	Erdnuss	Soja-Bohne
Pflanzenfamilie	Schmetterlingsblütengewächse	
Bau	Wurzel, Sprossachse, gefiederte Laubblätter,	
Blüte	Schmetterlingsblüte	
Blütenbau	5 zipfliger Kelch, Kronblätter heißen Schiffchen, Fahne, Flügel	
Blütenfarbe	weiß	gelb
Sprossachse	unbehaart	behaart
Laubblätter	Paarig gefiedert	Unpaarig gefiedert
Früchte	Unterirdisch 2–6 cm lang	Oberirdisch 2–10 cm lang
Samen	mit viel Fett	mit viel Eiweiß
Ursprüngliches Vorkommen	Südamerika	China, Südostasien

A2 Informiere dich im Supermarkt oder im Internet, welche Produkte aus der Soja-Bohne und welche aus der Erdnusspflanze hergestellt werden! Nenne jeweils fünf Lebensmittel!

Soja-Bohne: Tofu, Sojasprossen, Sojamehl, Sojawürstchen, Sojasoße …

Erdnuss: Erdnusscreme, Erdnussflips, Erdnussöl, Schokolade, Vogelfutter …

A3 Erläutere die Bedeutung der Soja-Bohne für Vegetarier!

Die Soja-Bohne ist für die Ernährung der Vegetarier besonders wichtig, da die Samen viel Eiweiß enthalten. Wenn die Vegetarier keine tierischen Produkte wie z. B. Fleisch essen, fehlt ihnen Eiweiß bzw. wichtige Aminosäuren für den eigenen Körper. Eiweiße werden nämlich zum Aufbau der eigenen Muskulatur gebraucht. Ein Eiweiß-Mangel kann auch den Körper schwächen und krank machen. Durch die Aufnahme von Sojaprodukten, wie z. B. Tofu, wird dieser Mangel vermieden und der Körper erhält alle wichtigen Stoffe.

A4 Erkläre, ob der Name Erdnuss biologisch sinnvoll ist!

Die Bezeichnung der Früchte der Erdnuss als Nüsse ist biologisch falsch. Da die Erdnusspflanze zu den Schmetterlingsblütengewächsen gehört, hat die Frucht die typischen Merkmale der Hülsenfrüchte. Erdnüsse bestehen aus einer Hülse und den Samen, müssten also Erdhülsen heißen. Früchte, die als Nüsse bezeichnet werden, bestehen dagegen aus einer ganz harten äußeren Schale, wie zum Beispiel Haselnuss oder Walnuss.

Material B – Blütendiagramme

B1 Nenne die Pflanze, die eine zweiseitig-symmetrische Blüte zeigt!

Acker-Bohne, Raps

B2 Ordne die abgebildeten Blüten ihren passenden Blütendiagrammen zu und nenne die jeweilige Pflanzenfamilie!

Acker-Bohne: Blütendiagramm B, Pflanzenfamilie Schmetterlingsblütengewächse

Raps: Blütendiagramm A, Pflanzenfamilie Kreuzblütengewächse.

B3 Vergleiche die Blütendiagramme A und B!

Merkmal	Ackerbohne B	Raps A
Teile	Kelchblätter, Kronblätter, Staubblätter, Fruchtblätter	
Symmetrie	Zweiseitig symmetrisch	Radiär-symmetrisch
Kelchblätter	5/2 verwachsen	4 gleiche
Kronblätter	6/2 verwachsen	4 gleiche
Staubblätter	10 ringförmig	6/4 innen
Fruchtblätter	2 mit Trennwand	1

Lippenblütengewächse

Seite 30–31

1 Beschreibe den Bau der Blüte der Lippenblütengewächse !

Die Blüte der Lippenblütengewächse ist zweiseitig symmetrisch. Sie besteht außen aus 5 miteinander zu einem Kelch verwachsenen Kelchblättern. Darin befinden sich die Kronblätter. 2 Kronblätter sind zu einer großen Fahne verwachsen. Links und rechts umschließen die Flügel das Schiffchen, das auch aus 2 Kronblättern zu einer Röhre verwachsen ist. In dem Schiffchen befinden sich meist 10 Staubblätter, die teilweise zusammen gewachsen sin. Jedes Staubblatt besteht aus Staubfaden und Staubbeutel mit Pollen. Ganz innen ist ein gebogenes Fruchtblatt, bestehend aus Fruchtknoten mit Samenanlagen und Eizellen, Griffel und Narbe.

2 Zeichne den Querschnitt von der Sprossachse der Weißen Taubnessel!

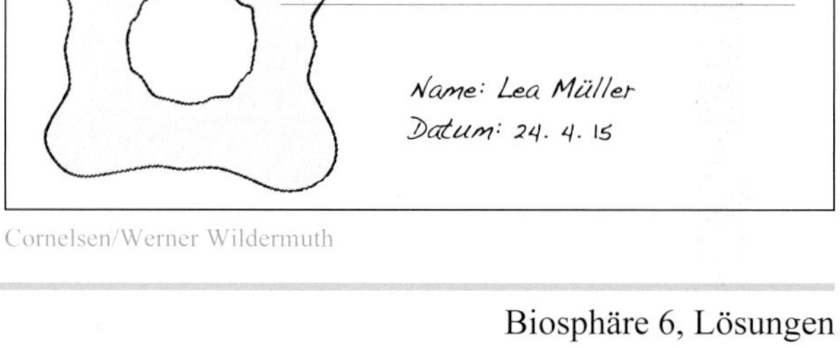

Cornelsen/Werner Wildermuth

3 Fertige eine Tabelle an, in der du jeweils drei Heil- und Gewürzpflanzen einträgst!

Heilpflanzen	Gewürzpflanzen
Salbei	Basilikum
Pfefferminze	Thymian
Lavendel	Oregano

Seite 32 (Methode)

Herbarium – Sammeln und Bestimmen

1 Lege ein Herbarium für Laubblätter an! Sammle von jedem deiner ausgewählten Bäume ein Blatt im Sommer und ein Blatt im Herbst ein!
Individuelle Schülerantwort.

Seite 33 (Material)

Material A – Angepasstheit an die Bestäubung

A1 Beschreibe den Bau der Salbeiblüte!
Die Salbeiblüte ist eine Lippenblüte. Sie besteht aus 5 Kelchblättern. Die 5 Kronblätter sind zu einer Oberlippe und einer Unterlippe verwachsen und bilden eine Röhre, in der sich 2 kurze und 2 lange Staubblätter mit Gelenken befinden. Im Grund des Kelchs ist ein dicker Fruchtknoten, daran ein langer dünner Griffel und eine gespaltene Narbe.

A2 Erkläre die Angepasstheit der Blüte an die Bestäubung mithilfe der beiden Abbildungen!
Die Blüte ist bestens an ihre Bestäubung angepasst und lockt Hummeln an. Bei jungen Blüten kriecht die Hummel bis zum Grund der Röhre, um Nektar zu saugen. Dabei berührt sie eine Platte, mit der die Staublätter nach unten gedrückt werden. Dadurch klappen die Staubbeutel auf das Hinterteil der Hummel und der Pollen bleibt hängen. Fliegt die Hummel dann eine ältere Blüte an und saugt Nektar, sind die Staubblätter vertrocknet und der Griffel wird berührt. So gelangt die gespaltene Narbe auf den Hummelrücken und die Pollen bleiben hängen. Das ist die Insektenbestäubung.

A3 Nenne Merkmale von Blüten, die Insekten zur Bestäubung anlocken!
- auffällige, leuchtende Farben
- viel Nektar und Pollen
- starker Geruch

Material B – Bestimmung von Arten der Familie Lippenblütengewächse

B1 Bestimme die abgebildeten Lippenblütengewächse mithilfe des Bestimmungsschlüssels!
Abgebildet sind folgende Arten der Lippenblütler:
- **A** Goldnessel
- **B** Kriechender Günsel
- **C** Wiesen-Salbei
- **D** Gundermann

B2 Informiere dich über den Wiesen-Salbei! Fertige einen Steckbrief an!
Steckbrief Wiesen-Salbei
Pflanzenfamilie: Lippenblütengewächse
Vorkommen: sonnige Wiesen
Blüten: blau (oder weiß)
Blätter: mit ätherischen Ölen, Gerbstoffen, Bitterstoffen

Wirbellose Tiere in ihren Lebensräumen

1 Viele Tiere zählen zu den Wirbellosen

Vielfalt der wirbellosen Tiere

Seite 41 (Material)

Material A – Wirbellose ordnen

A1 Ordne die abgebildeten wirbellosen Tiere ihren Stämmen zu! Begründe deine Auswahl!
Gemeiner Kalmar: ein Weichtier. Sein Körper ist erkennbar nicht in Abschnitte untergliedert. Er ist ein Kopffüßer. Man erkennt Kopf, Fuß (Fangarme/Tentakel) und Eingeweidesack.
Kaiserskorpion: ein Gliederfüßer. Sein Körper ist erkennbar in Abschnitte untergliedert.
Wandelndes Blatt: ein Gliederfüßer. Sein Körper ist erkennbar in Abschnitte untergliedert. Man sieht auch ein Außenskelett.
Deutsche Wespe: ein Gliederfüßer. Ihr Körper ist erkennbar in Abschnitte untergliedert. Man sieht auch ein Außenskelett.
Großes Papierboot: ein Weichtier. Bei diesem Kopffüßer erkennt man deutlich ein Gehäuse aus Kalk, einen Kopf und Fuß (Fangarme/Tentakel)
Kellerassel: ein Gliederfüßer. Ihr Körper ist erkennbar in Abschnitte untergliedert. Man sieht auch ein Außenskelett.
Großer Schneckenegel: ein Ringelwurm. Man erkennt gleichmäßige Körperringe. Er hat kein starres Außenskelett aus Chitin.
Rote Wegschnecke: ein Weichtier. Da es eine Schnecke ist, gehört es zu den Weichtieren. Sie hat aber kein Gehäuse aus Kalk. Sie hat kein Außenskelett aus Chitin. Man erkennt aber einen Kopf und Eingeweidesack.
Seewespe: ein Nesseltier. Die Seewespe ist eine Qualle. Dies erkennt man an den Fangarmen. Ihr Körper ist nicht deutlich in Kopf, Fuß und Eingeweidesack gegliedert. Sie besitzt auch kein Außenskelett.

A2 Ordne die Tiere nach zwei weiteren unterschiedlichen Kriterien!
Hier sind mehrere Zuordnungen der Schülerinnen und Schüler möglich. In der Regel werden Schülerinnen und Schüler ein einfaches kriterienstetes Ordnen anwenden. Beispiele wären das Ordnen nach Farben, Lebensraum, insbesondere bei wirbellosen Tieren flugfähig/flugunfähig oder schwimmend/nicht schwimmend oder auch Außenskelett vorhanden/nicht vorhanden.

Beispiel Lebensraum:
Wassertiere: Gemeiner Kalmar, Seewespe, Großes Papierboot
Landtiere: Großer Schneckenegel, Kellerassel, Rote Wegschnecke, Kaiserskorpion
Lufttiere: Wandelndes Blatt (nur die Männchen), Deutsche Wespe
Zusatzinformation: Nur die Männchen des Wandelnden Blattes fliegen. Oft legen sie nur kurze Flugstrecken zurück. Die Weibchen sind fürs Fliegen zu schwer. Daher kann man das Wandelnde Blatt sowohl den Lufttieren und auch den Landtieren zuordnen.

Beispiel Außenskelett vorhanden ja/nein?
mit Außenskelett: Kaiserskorpion, Deutsche Wespe, Kellerassel und Wandelndes Blatt (aus Chitin)
ohne Außenskelett: Gemeiner Kalmar, Großer Schneckenegel, Seewespe, Rote Wegschnecke, Großes Papierboot (aus Kalk)
Zusatzinformation: Das Große Papierboot ist mit seinem Kalkgehäuse nicht verwachsen. Es produziert dieses mithilfe von Drüsen an den oberen Teutakeln.

A3 Erstelle für zwei der abgebildeten Tiere jeweils einen Steckbrief!
Kaiserskorpion
Stamm: Gliederfüßer (Arthropoda)
Vorkommen: Tropische Wälder West- bis Zentralafrikas
Merkmale: bis zu 15 cm großer, schwarz glänzender Skorpion
Besonderheiten: Der Kaiserskorpion besitzt zwar einen bedrohlichen Giftstachel, setzt diesen aber nur sehr selten ein.

Wandelndes Blatt
Stamm: Gliederfüßer (Arthropoda)
Vorkommen: überwiegend in Südostasien anzutreffen
Merkmale: je nach Art bis zu 12 cm großes Insekt, dessen Äußeres einem Blatt zum Verwechseln ähnlich sieht
Besonderheiten: Wenn sich das Wandelnde Blatt bewegt, schwankt es dabei hin und her wie ein Blatt im Wind.

Seewespe
Stamm: Nesseltiere (Cnidaria)
Vorkommen: vor allem in den Küstengebieten Australiens, der Philippinen und Japans anzutreffen
Merkmale: bis zu 30 cm große würfelförmige Qualle mit bis zu 3 m langen Tentakeln
Besonderheiten: Die Seewespe zählt zu den giftigsten Tieren der Welt. Vor den Stränden Australiens werden riesige Netze gespannt, die Badegäste vor Seewespen schützen sollen.

Großer Schneckenegel
Stamm: Ringelwürmer (Annelida)
Vorkommen: stehende und fließende Gewässer Europas, Asiens und Nordamerikas
Merkmale: bis zu 3 cm langer bräunlicher oder grünlicher Egel mit abgeflachtem Körper und Saugnapf am Kopfende
Besonderheiten: Bei Gefahr rollt sich der große Schneckenegel kugelförmig zusammen.

Deutsche Wespe
Stamm: Gliederfüßer (Arthropoda)
Vorkommen: ganz Europa sowie Teile Asiens und Afrikas
Merkmale: schwarz-gelbes fliegendes staatenbildendes Insekt; Königinnen werden bis zu 2 cm groß, Arbeiterinnen sind kleiner
Besonderheiten: Ein Wespenstaat besteht aus 3 000 bis 4 000 Tieren. Wie bei den Bienen herrscht eine organisierte Arbeitsteilung.

Gemeiner Kalmar
Stamm: Weichtiere (Mollusca)
Vorkommen: Küstengewässer des östlichen Nordatlantik
Merkmale: mit Fangarmen/Tentakeln etwa 50 cm langer Tintenfisch mit langem, spitzen Mantel; am Kopf befinden sich die zwei großen Augen sowie die 10 Tentakeln, von denen zwei sehr lang sind
Besonderheiten: in vielen Ländern werden Kalmare gerne gegessen

Großes Papierboot
Stamm: Weichtiere (Mollusca)
Vorkommen: weltweit in tropischen und subtropischen Gewässern
Merkmale: bis zu 30 cm großer Kopffüßer mit 8 Tentakeln; erwachsene Tiere bilden dünne, weiße Gehäuse aus, die an Papier erinnern
Besonderheiten: Zur Befruchtung der Weibchen dienen den männlichen Papierbooten spezielle Arme. Diese können sich vollständig vom Tier trennen und eigenständig ein Weibchen finden und befruchten.

Kellerassel
Stamm: Gliederfüßer (Arthropoda)
Vorkommen: weltweit verbreitet; oft unter Steinen, an totem Holz und in der Nähe des Menschen anzutreffen
Merkmale: bis zu 2 cm langer Krebs mit 7 Beinpaaren und charakteristischem Rückenpanzer
Besonderheiten: Als Destruent helfen Kellerasseln dabei, abgestorbenes organisches Material in den Stoffkreislauf zurückzuführen.

Rote Wegschnecke
Stamm: Weichtiere (Mollusca)
Vorkommen: Mittel- und Westeuropa sowie Nordamerika
Merkmale: 12–15 cm lange Nacktschnecke, meist rötlich gefärbt
Besonderheiten: In den letzten Jahrzehnten wurde die Rote Wegschnecke weitgehend von der Spanischen Wegschnecke verdrängt.

Material B – Beutefang beim Süßwasserpolyp

B1 Beschreibe mithilfe der Abbildung B, wie sich der Süßwasserpolyp ernährt!
Der Süßwasserpolyp ernährt sich zum Beispiel von kleinen Krebstieren. Mithilfe seiner Fangarme fängt der Süßwasserpolyp seine Beute. Berührt ein Beutetier die Fangarme geben die Nesselzellen an den Fangarmen ein Gift ab, das das Beutetier lähmt oder sogar tötet. Danach krümmen sich die Fangarme des Polypen und führen die Beute zur Mundöffnung. und somit in den Körper des Süßwasserpolypen.

B2 Begründe den Zusammenhang zwischen Struktur und Funktion am Beispiel der Fangarme des Süßwasserpolypen!
Die Fangarme des Süßwasserpolypen sind im Vergleich zu seinem Körper sehr lang und auch beweglich. Außerdem sitzen an den Fangarmen Nesselzellen mit denen der Süßwasserpolyp seine Beute lähmen oder töten kann. Durch diesen speziellen Aufbau der Fangarme kann der Süßwasserpolyp seine Beute erlegen. Die Nesselzellen haben die Funktion die Beute zu lähmen und zu töten. Die langen und beweglichen Fangarme sind für das Einfangen der Beute und für das Zuführen der Beute zur Mundöffnung wichtig. Daher sind die Fangarme ein gutes Beispiel für das Erschließungsfeld Struktur und Funktion.

Ringelwürmer

Seite 42–44

1 Zeichne einen Regenwurm in dein Biologieheft! Beschrifte das Vorderende, das Hinterende, die Borstenpaare und den Gürtel!
Die Schülerinnen und Schüler zeichnen einen Regenwurm in ihr Biologieheft. Sie beschriften das rundliche Vorderende, das etwas abgeflachte Hinterende, die bauchseits und seitlich gelegenen vier Borstenpaare exemplarisch an einigen Segmenten (außer an Segment 1) und den Gürtel.
Zusatzinformation: Der Gürtel befindet sich im Segmentbereich 32–37. Er ist von Februar bis August vorhanden und, je nach Jahreszeit, besser oder schlechter zu erkennen.

2 Nenne Angepasstheiten des Regenwurms an seinen Lebensraum!

Der Regenwurm zeigt folgende Angepasstheiten an seinen Lebensraum:

- Regenwürmer haben eine wurmförmige Gestalt und ein Hydroskelett, um sich im Erdreich fortbewegen zu können,
- sie besitzen pro Segment vier Borstenpaare, um sich im Erdreich verankern zu können,
- sie besitzen am ersten Segment einen Mund und am Hinterende einen After, um sich durch festes Erdreich hindurchfressen zu können und herab gefallene Laubblätter in ihren Wohnröhren zu fressen,
- sie besitzen über die gesamte Körperoberfläche verteilte Sinneszellen, um verschiedene Reize im Erdreich und oberhalb des Erdreiches wahrnehmen zu können,
- sie besitzen eine empfindliche und feuchte Haut, über die sie Sauerstoff aufnehmen (und Kohlenstoffdioxid abgeben) können.

3 Erkläre den Begriff „Zwitter"!

Der Begriff „Zwitter" bedeutet, dass Lebewesen sowohl Spermienzellen als auch Eizellen bilden. Regenwürmer sind daher Zwitter. Sie tauschen bei der Paarung Spermienzellen aus, um ihre eigenen Eizellen zu befruchten.

Seite 45 (Material)

Material A – Bedeutung des Regenwurms

A1 Beschreibe das Säulendiagramm!

Das Säulendiagramm zeigt die von Regenwürmern produzierte Kotmenge an der Oberfläche in Gramm pro Quadratmeter in Abhängigkeit von dem Jahresverlauf in Monaten. Die Kotproduktion ist im Januar am geringsten (etwa 6 g/m^2), steigt aber bis Juni bis auf etwa 500 g/m^2, sinkt bis August auf etwa 120 g/m^2, um dann wieder bis Oktober auf etwa 270 g/m^2 zu steigen. Zum Jahresende sinkt die Kotproduktion bis auf 20 g/m^2 im Dezember und nimmt im Januar des folgenden Jahres nochmals ab.

A2 Begründe, weshalb die von Regenwürmern produzierte Kotmenge im Jahresverlauf unterschiedlich groß ist!

Über die von Regenwürmern im Jahresverlauf unterschiedlich starke Kotproduktion können von Schülerinnen und Schülern folgende Vermutungen angestellt werden:

- Die produzierte Kotmenge hängt von der Fressaktivität der Regenwürmer ab.
- Im Winter (November bis Februar, besonders Dezember, Januar und Februar) ist die Außen- und Bodentemperatur sehr gering, daher zeigen Regenwürmer kaum Aktivität und fressen fast nichts.
- Vom Frühjahr bis Juni steigt die Fressaktivität deutlich an, was zu stark vermehrter Kotproduktion führt; bis dahin könnten die allermeisten Blätter auf dem Boden, die vom letzten Herbst stammen, schon gefressen worden sein, daher sinkt die Fressaktivität bis August.
- Ab September kommt es zu erstem Laubfall und die Fressaktivität kann wieder steigen, dies gilt besonders für den Oktober, denn im Herbst fallen die Blätter von den Bäumen.
- Ab November dürfte die sinkende Außen- und Bodentemperatur die Fressaktivität wieder negativ beeinflussen.
- Für die sinkende Fressaktivität könnte auch die hohe Bodentemperatur im Spätsommer bei gleichzeitiger Bodentrockenheit verantwortlich sein.
- Für die Steigerung der Fressaktivität ab August bis Oktober könnten die neu geschlüpften jungen Regenwürmer verantwortlich sein.

Zusatzinformation: Die Vermutungen sind phänomenologisch an dem Diagramm orientiert. Tatsächlich wirken ursächlich u. a. die abiotischen Faktoren Temperatur und Feuchtigkeit (der Umgebung bzw. des Bodens) und der biotische Faktor der Menge an „vorverdauten" Blättern durch Mikroorganismen auf die Aktivität der Regenwürmer und daraus resultierend auf die Kotmenge im Jahresverlauf.

A3 Vergleiche die Ernteerträge in der Tabelle miteinander und erläutere sie mithilfe der Lebensweise der Regenwürmer!

Ernteerträge von Böden ohne Regenwürmer sind deutlich geringer als Ernteerträge in Böden mit Regenwürmern. Dies gilt sowohl für die Menge der Getreidehalme (7 zu 10 Gramm) als auch für die Zahl der Getreidekörner (58 zu 106 Getreidekörner).

Dadurch, dass Regenwürmer Blätter fressen und aus ihrem Kot sehr fruchtbare Erde entsteht, erhöhen sich die Ernteerträge. Außerdem verbessern die bis zu zwei Meter tiefen Wohnröhren durch Belüftung der Erde die Bodenqualität.

Zusatzinformation: Die für solche Felduntersuchungen gängige Getreideart ist der Weizen. Andere Getreidearten ergeben einen vergleichbaren Nutzen der Regenwürmer durch deutlich höhere Erträge.

Material B – Fortbewegung des Regenwurms

B1 Beschreibe mithilfe der Abbildung Veränderungen des Regenwurmkörpers während der Fortbewegung!

Der Regenwurmkörper ist bei der Fortbewegung an verschiedenen Stellen entweder dick oder dünn. Anfangs (Bewegungsstadium 1) ist er im vorderen Körperbereich dick, im mittleren Bereich dünn und im hinteren Körperbereich wieder dick. Der vordere Bereich wird (ab Bewegungsstadium 2 bis Bewegungsstadium 5) zunehmend dünn. Die Verdickung der vorderen Körperregion vergrößert und verschiebt sich immer mehr Richtung Hinterende (bis Bewegungsstadium 7). Auch die Verdünnung der vorderen Körperregion vergrößert und verschiebt sich dann immer weiter Richtung Hinterende (ab Bewegungsstadium 2 bis Bewegungsstadium 10). Währenddessen verdickt sich das Vorderende erneut (Bewegungsstadium 6), wobei sich immer mehr Körpersegmente verdicken (Bewegungsstadium 7). Auch diese Verdickung wandert schrittweise vom Vorderende Richtung Hinterende (bis Bewegungsstadium 13). Ab Bewegungsstadium 8 bis Bewegungsstadium 16 geschieht Gleiches mit der Verdünnung der Körperregionen. Diese wechselseitige Verdünnung und Verdickung der Körperregionen setzt sich weiter (bis Bewegungsstadium 17) fort.

B2 Erkläre, welche Muskulatur im dunkelroten und hellroten Bereich jeweils aktiv ist!

Im dunkelroten Bereich ist die äußere Ringmuskulatur aktiv und zieht sich zusammen. Deshalb ist der dunkelrote Bereich des Regenwurmkörpers dünn und lang. Im hellroten Bereich ist die innere Längsmuskulatur aktiv und zieht sich zusammen. Deshalb ist der hellrote Bereich des Regenwurmkörpers dick und verkürzt.

B3 Erkläre die Fortbewegung des Regenwurms durch das Zusammenspiel von Ring- und Längsmuskulatur sowie den Borsten!

Der Regenwurm bewegt sich durch wechselseitiges Zusammenziehen der Ring- und Längsmuskulatur in verschiedenen Körperregionen fort. Anfangs bewegt sich das Vorderende nach vorn und wird gleichzeitig dünner, weil sich die äußere Ringmuskulatur zusammenzieht. Dann verdickt sich die vordere Region und zieht den Rest des Wurmkörpers nach, weil die Ringmuskulatur erschlafft und sich die Längsmuskulatur zusammenzieht. Gleiches geschieht wechselweise in der mittleren und in der hinteren Region des Wurmkörpers. Sobald eine Körperregion dick wird, zieht sie den Rest des Körpers nach. Wenn eine Körperregion dünn wird, verlängert sie sich und bewegt sich nach vorne. Die Fortbewegung wird im Erdreich durch das Hydroskelett und die Borstenpaare unterstützt.
Die *Struktur* des Hydroskeletts – der Hautmuskelschlauch mit der Ring- und Längsmuskulatur und die Flüssigkeit im Körper des Wurms – verleiht dem Wurm Form und Beweglichkeit und ist für die *Funktion*, im Erdreich Wohnröhren anzulegen und Erde zu verdrängen, hervorragend angepasst.
Die beweglichen Borstenpaare benutzt der Wurm zur Verankerung im Erdreich, damit er nicht zurückrutscht. Auch hier ist es die *Struktur* der beweglichen Borstenpaare an den Segmenten, die die *Funktion* der Verankerung bestimmter Körperabschnitte im Erdreich ermöglicht.

Material C – Ringelwürmer

C1 Informiere dich in Lexika, Tierbüchern oder Internet über den Blutegel und den Wattwurm! Notiere Merkmale dieser Ringelwürmer wie Aussehen, Lebensraum und Nahrung jeweils in einem Steckbrief! Berücksichtige dabei jeweils auch eine Besonderheit!

Der Steckbrief des Blutegels beinhaltet etwa:

Biologischer Name: Medizinischer Blutegel *(Hirudo medicinalis)*
Aussehen: Der geringelte Körper des Medizinischen Blutegels wird bis zu 15 Zentimeter lang und besitzt an beiden Körperenden Saugnäpfe, er hat eine grünliche Farbe mit sechs rötlichen bis bräunlichen Längsstreifen auf dem Rücken und schwarzen Flecken auf dem gelbgrünlichen Bauch.
Lebensraum: stehende Sumpfgewässer wie Teiche und Seen (bei uns sehr selten geworden)
Nahrung: lebt im Jungendalter räuberisch von anderen Wassertieren; um geschlechtsreif zu werden, benötigt der Blutegel eine Blutmahlzeit von Gleichwarmen (Mensch, andere Säugetiere), von deren Blut er sich als Parasit ernährt
Besonderheit:
- Der Blutegel wird heute wieder genutzt, um Kranke zur „Ader zu lassen".
- Nach einer ausgiebigen Blutmahlzeit kann der Medizinische Blutegel bis zu eineinhalb Jahre überleben.
- Der Medizinische Blutegel wird erst mit drei Jahren geschlechtsreif und kann bis zu 30 Jahre alt werden.

Zusatzinformation: Hirudo medicinalis besitzt 33 Segmente, die sekundär geringelt sind. Daher scheint er aus deutlich mehr Segmenten zu bestehen. Die Haftscheibe am Hinterende wird aus sieben Segmenten gebildet. Innerhalb des vorderen Saugnapfes liegt die Mundöffnung.

Der Steckbrief des Wattwurms beinhaltet etwa:

Biologischer Name: Wattwurm, auch Sandwurm oder Sandpier genannt *(Arenicola marina)*
Aussehen: Der grün-rötliche, wurmförmige, geringelte Körper des Wattwurms wird bis zu 30 Zentimeter lang. Der Kopf besitzt einen ausstreckbaren Rüssel, der mittlere Körperbereich trägt büschelige Kiemen, der hintere Körperteil ist deutlich dünner.
Lebensraum: Watt der Nordsee, der westlichen Ostsee, des Ärmelkanals und des Atlantiks, im Mittelmeer selten
Nahrung: frisst den Sand und die in ihm enthaltenen organischen Teilchen und Kleinstlebewesen
Besonderheit:
- Der Wattwurm wird von Anglern gerne als Köder benutzt.
- Der Wattwurm lebt in einem U-förmigen Gang, in dem er einen Wasserstrom Richtung Wohnröhre erzeugt und den herabrieselnden Sand filtriert. Die Öffnung des Wohnrohrs wird von der aufgeringelten Kotwurst bedeckt (diese Kothäufchen sind im Watt gut sichtbar).

Zusatzinformation: Auch Arenicola marina weist eine sekundäre Ringelung der Segmente auf.

2 Insekten

Vielfalt und Bedeutung der Insekten

Seite 49 (Material)

Material A – Schutz gefährdeter Insekten

A1 Informiere dich im Internet über die oben auf-geführten Insekten. Erstelle für diese jeweils einen Steckbrief!

Die Steckbriefe könnten folgende Informationen enthalten:

Hirschkäfer
Stamm: Gliederfüßer
Klasse: Insekten
Ordnung: Käfer
Merkmale: 25 bis 70 Millimeter lang, teilweise bis zu 90 Millimeter (Weibchen bis 70 mm), Körper schwarz oder braun, Deckflügel und Mundwerkzeuge bei Männchen rot gefärbt, Männchen mit „Geweih"
Verbreitung: Mittel-, Süd- und Westeuropa, vereinzelnd auch in England
Lebensraum: vor allem in alten Eichenwäldern, auch in Gärten
Gefährdung: stark gefährdet durch forstliche Bewirtschaftung der Wälder und Herausnahme von Alt- und Totholz, in Sachsen nur wenige Nachweise des Hirschkäfers, beispielsweise in der Dresdner Elbtalweitung, Mulde-Lößhügelland, Düben-Dahlener Heide, Muskauer Heide und Leipziger Land.
Besonderheiten: Die Eiablage erfolgt in morschen Bäumen und im Wurzelbereich von gefällten oder umgefallenen Bäumen.

Heldbock (Große Eichenbock)
Stamm: Gliederfüßer
Klasse: Insekten
Ordnung: Käfer
Merkmale: ca. 20 bis 55 Millimeter lang, schwarz gefärbt, Deckflügel werden nach hinten heller und können bräunlich rot gefärbt sein, Antennen des Männchens können doppelt so lang wie der Körper sein (bei Weibchen etwa Körperlänge)
Verbreitung: hauptsächlich Mittel- und Südeuropa, auch Teile Skandinaviens und Osteuropas
Lebensraum: natürliche Eichenwälder und Auwälder, feuchte Standorte mit Totholz
Gefährdung: gefährdet, da viele natürliche Wälder in Forste umgewandelt wurden
Besonderheiten: galt in der Forstwirtschaft lange als Schädling, da die Larven des Heldbocks sich in den Stämmen der Bäume entwickeln und sich vom Holz ernähren.

Große Moosjungfer
Stamm: Gliederfüßer
Klasse: Insekten
Ordnung: Libellen
Merkmale: ca. 4 Zentimeter lang, Flügelspannweite bis 6,5 Zentimeter, bei Männchen gelbe oder braune Flecken auf dem Hinterleib (bei jungen Männchen gelbe Flecken, werden allmählich braun bei älteren Tieren), der letzte Fleck auf dem 7. Segment des Hinterleibs bleibt gelb („Schlusslicht")
Verbreitung: von Westeuropa bis Zentralasien
Lebensraum: besonders an sonnigen stehenden Gewässern in Mittelgebirgen, in Moorgebieten und Torfstichen
Gefährdung: stark gefährdet durch Trockenlegung von Teichen und vor allem Nährstoffeintrag in Gewässer, Abtorfung und Vernichtung von Ufervegetationen. In Sachsen kommt die Große Moosjungfer hauptsächlich noch im Heide- und Teichgebiet der Oberlausitz, im Westlausitzer Hügel- und Bergland, im Erzgebirge und dem Vogtland vor.
Besonderheiten: Die Entwicklung der Larve findet im Gewässer statt, nach 2 bis 3 Jahren schlüpfen die Tiere

A2 Finde heraus, welche Möglichkeiten es gibt, diese Insekten nachhaltig zu schützen!

- Insektizide und auch Herbizide nur maßvoll einsetzen
- Streublumenwiesen anstelle sterilen kurzgehaltenen Rasens anlegen
- auch in kleinen Gärten Teiche anlegen, damit Larven der Insekten sich entwickeln können
- Insektenhotels im Garten anlegen
- Wälder nicht in Forste umwandeln, sondern sich natürlich entwickeln lassen
- altes und totes Holz in den Wäldern belassen

Material B – Insektenhotel

B1 Erläutere, welche Insekten durch ein Insektenhotel geschützt werden können!

Viele gefährdete Insektenarten, die keine natürlichen Lebensräume finden, können mit der Errichtung eines Insektenhotels geschützt werden. Das Insektenhotel bietet diesen Insekten Möglichkeiten zur Brutaufzucht und Überwinterung. In einem Insektenhotel siedeln sich vor allem Insekten an, die nicht in Staaten zusammenleben. Es nisten dort die Insekten, die in ihrer natürlichen Umgebung in Astlöchern von Holz, in Stängeln von krautigen Pflanzen, Erdlöchern oder auch in Totholz nisten. Da viele Gärten und auch bewirtschaftete Wälder den Insekten ihre Nistmöglichkeiten nehmen, da zum Beispiel kein Totholz im Wald belassen wird, kann die Errichtung eines Insektenhotels eine Möglichkeit darstellen, den Insekten einen Nistplatz zu geben. Viele Insekten leben an heimischen

Bäumen und Pflanzen, suchen dort nach Nahrung und Nistmöglichkeiten. Oft werden in Gärten aber keine heimischen Bäume und Pflanzen gepflanzt, sodass viele der heimischen Insekten keine „Wohnungen“ in Gärten finden können. Ein Insektenhotel kann helfen viele auch nützliche Insekten in den Garten zu locken.
Zusatzinformation: In Insektenhotels siedeln sich hauptsächlich Einsiedlerbienen an. Von den rund 550 in Deutschland vorkommenden Bienenarten leben viele nicht in Staaten zusammen, sie leben einzeln.
Schilfmatten und durchbohrte Holzstücke können Nistplätze für Masken- oder Mauerbienen sein. Ziegelsteine geben Wollbienen, Mauerbienen oder auch einzeln lebenden Wespen einen Lebensraum Altes Holz und Totholz mit Fraßspuren von Käfern oder mit Spalten und Rissen dienen als Wohnungen für Holzbienen, Pelzbienen oder Blattschneiderbienen. Trockene Zweige nützen Bewohnern von markhaltigen Sprossachsen. Je nach Art der verwendeten Materialien können sich also unterschiedliche Insekten ansiedeln. Weitere mögliche Bewohner sind ach Hummeln, Florfliegen oder auch Marienkäfer. Leere Lochziegel sind für Bienen und solitär lebende Wespen eher nutzlos, da der Lochdurchmesser viel zu groß ist. Die Bienen können dort keine Brutzellen anlegen, da sie viel zu viel Material und auch Zeit benötigen würden. Der beste Platz für die Errichtung eines Insektenhotels ist ein sonniger und witterungsgeschützter Standort. In der Nähe sollten ausreichend heimische Kräuter, Sträuche und Bäume vorhanden sein.

B2 Diskutiere mit Mitschülern, unter welchen Voraussetzungen die Errichtung eines Insektenhotels an deiner Schule sinnvoll ist!
Die Diskussionen der Schülerinnen und Schüler könnte zu folgendem Ergebnis führen:
Die im Insektenhotel brütenden Tiere dürfen durch den Schulbetrieb nicht gestört werden. Ebenso sollten durch die Tiere keine Personen belästigt werden. Es muss also einen ausreichend geschützten Ort zum Errichten der Konstruktion geben. Außerdem benötigen zum Beispiel die Bienen eine möglichst nahe gelegene ungemähte Wiese, da nur so ein ausreichendes Angebot an Nektar und Pollen liefernden Blütenpflanzen gewährleistet ist.

Die Honigbiene – ein nützliches Insekt

Seite 50–52

1 Beschreibe den Bau des Nervensystems bei der Honigbiene!
Das Nervensystem der Honigbiene besteht aus Paaren von Nervenknoten, den Ganglien. Diese sind längs und quer durch Nervenstränge miteinander verbunden, weshalb das Nervensystem an eine Strickleiter erinnert. Man bezeichnet es daher als Strickleiternervensystem.

2 Erläutere die Atmung bei der Honigbiene!
Insekten nehmen wie die Menschen und Wirbeltiere Sauerstoff auf und geben Kohlenstoffdioxid ab. Die Atemgase werden jedoch nicht mit dem Blut transportiert. Der benötigte Sauerstoff wird durch Atemöffnungen, die Stigmen, in den Seitenwänden der Hinterleibssegmente aufgenommen und durch Atemröhren, die Tracheen, direkt und ohne Umweg über das Blut zu den Organen geleitet. Der Abtransport des Kohlenstoffdioxids verläuft umgekehrt.
Zusatzinformation: Durch den direkten Transport der Atemgase sind Insekten im Vergleich leistungsfähiger als Wirbeltiere. Das Tracheensystem begrenzt allerdings die maximale Körpergröße von Insekten, da die mit Chitinspiralen versteiften Atemröhren ab einer bestimmten Größe nicht mehr funktionsfähig sind. Die größten bekannten Insekten waren Libellen im Karbon mit einer Spannweite von 70 Zentimeter.
Zusatzinformation zur ***Honiggewinnung:*** *Der Imker findet den Bienenhonig in Waben vor, deren Honigzellen mit dünnen, wasserdichten Wachsdeckeln verschlossen sind. Er entdeckelt die Honigwaben mit einem Schaber oder einer Entdeckelungsgabel. Der Honig muss schonend behandelt werden, weil bei einer Erwärmung über 40 °C wichtige wertvolle Inhaltsstoffe zerstört werden. Gemäß EG- und deutscher Honigverordnung darf dem Honig nichts hinzugefügt und nichts entzogen werden. Damit ist der Honig vollständig naturbelassen. Eine Ausnahme bildet der sogenannte gefilterte Honig. Diesem wird durch Mikrofilterung der natürlich vorhandene Pollenanteil von etwa 0,5 Prozent entzogen, damit der Honig nicht so leicht auskristallisiert und länger flüssig bleibt. Bei der Herstellung des Honigs durch die Honigbienen wurden dem Blütennektar mehr als 80 Prozent des Wassers entzogen und spezielle Wirkstoffe hinzugefügt. Deshalb ist Honig lange haltbar und die bedeutendste Nahrungsquelle eines Bienenvolks.*

Seite 53 (Material)

Versuch A – Präparation einer Honigbiene

A1 Beschreibe den Eindruck, den du beim Betasten des Bienenkörpers erhältst! Erläutere deinen Eindruck!
Der Bienenkörper fühlt sich fest, aber auch elastisch an. Der Hinterleib lässt sich etwas strecken und biegen. Dieser Eindruck entsteht, weil die Biene ein Außenskelett aus dem Faserstoff Chitin besitzt. Der Hinterleib ist stärker beweglich als Kopf und Brustteil, weil die Hinterleibssegmente mit elastischen Gelenkhäutchen miteinander verbunden sind.

Zusatzinformation: Das Außenskelett besteht nicht nur aus Chitin, sondern ist zusätzlich mit gegerbten Eiweißstoffen verfestigt, das heißt sklerotisiert.

A2 Nenne die für ein Insekt typischen Kennzeichen, die du bei der präparierten Biene erkennen kannst!
Man erkennt folgende Kennzeichen:
- Gliederung in Kopf, Brust und Hinterleib,
- der Hinterleib ist deutlich segmentiert,
- sechs Beine am Brustteil, die gegliedert sind,
- vier durchsichtige Flügel am Brustteil,
- Außenskelett aus Chitin,
- zwei Fühler am Kopf,
- Mundwerkzeuge aus Chitin,
- zwei Facettenaugen am Kopf

A3 Zähle die Segmente des Hinterleibs der Honigbiene!
Honigbienen haben sieben Hinterleibsegmente.
Zusatzinformation: Die ursprünglichen Insekten besaßen elf Hinterleibsegmente. Bei weiter entwickelten Insektenarten sind die letzten Segmente des Hinterleibs miteinander verschmolzen.

Material B – Arbeitsbiene

B1 Beschreibe den Lebenslauf einer Arbeitsbiene! Ordne dabei die Begriffe Wächter-, Putz-, Sammel-, Bau- und Ammenbiene zu!
1.–3. Tag: Putzbiene, die Zellen der Waben reinigt
3.–12. Tag: Ammenbiene, die Larven füttert
12.–18. Tag: Baubiene, die neue Waben aus Wachs baut
18.–21. Tag: Wächterbiene, die am Eingang kontrolliert und Fremdlinge abweist bzw. bekämpft
21. Tag – Lebensende: Sammelbiene, die Blütennektar und Pollen sammelt
Zusatzinformation: Viele der im Bienenvolk durchgeführten Tätigkeiten sind mit Anpassungen physiologischer Funktionen (zum Beispiel Entwicklung von Futtersaft- und Wachsdrüsen) verbunden. Dies ist insbesondere beim Wechsel von Stock- zu Flugbiene der Fall. Allerdings ist dieses System höchst flexibel und wird entsprechend den aktuellen Bedürfnissen des Bienenvolkes angepasst. So übernehmen bei einem plötzlichen Mangel an Ammenbienen auch ältere Flugbienen wieder Brutpflegearbeiten. Bei erhöhtem Bedarf an Nektar und Pollen werden wiederum Jungbienen früher zu Sammelbienen, zum Teil bereits im Alter von fünf Tagen. Dies führt zu einer enormen Plastizität des Verhaltens im Sozialverband. Außerdem gibt es sogenannte „Spezialisten" (Wassersammler, Wächterbienen, Putzbienen), die bestimmte Arbeiten teilweise längerfristig verrichten. Während die im Sommer geborenen Arbeiterrinnen rund vier bis sechs Wochen alt werden können, werden diejenigen, die im September schlüpfen und überwintern, bis zu acht Monate alt.

B2 Ab dem 18. Tag betätigen sich manche Arbeiterinnen als Ventilatorbienen. Sie stehen am Eingang des Bienenstocks und schwirren mit den Flügeln. Begründe das Verhalten!
Wird es im Stock zu warm, erzeugen Arbeitsbienen durch Flügelschlag einen kühlenden Luftstrom.
Zusatzinformation: Die Thermoregulation ist im Wesentlichen ein Teil der Brutpflege, da die Grenzen für die normale Entwicklung der Brut zwischen 32 °C und 37 °C liegen. Über Thermosensoren messen die Bienen die Temperatur und halten eine Temperatur von ca. 35 °C aufrecht. Gewärmt wird dabei durch Muskelbewegungen („Kältezittern") und dichtes Zusammenrücken. Zum Kühlen an heißen Tagen wird die Verdunstung im Stock durch Wassereintrag und durch Fächeln erhöht. Ein Honigbienenvolk kann für begrenzte Zeit Außentemperaturen von –80 °C und +70 °C widerstehen!

B3 Die Abbildung 01 auf Seite 50 zeigt eine Honigbiene, die gelbes Sammelgut in Körbchen an den Hinterbeinen, in ihren „Höschen", trägt. Gib an, was dieses Sammelgut ist und wofür es benötigt wird!
Das Sammelgut ist Blütenpollen. Er wird zur Ernährung benötigt.
Zusatzinformation: Blütenpollen ist die Hauptquelle von Eiweiß und Fett für die Bienen, während Blütennektar neben Wasser fast nur Zucker, d. h. Kohlenhydrate, enthält. Pollen wird auch zur Produktion von Futtersaft in den Futtersaftdrüsen der Ammenbienen sowie von Wachs in den Wachsdrüsen der Baubienen benötigt.

B4 Für ein Gramm Honig muss eine Biene rund 12 000 Blüten besuchen. Berechne, wie viel Blüten zur Produktion von einem Glas Imkerhonig, das 500 Gramm enthält, von Bienen besucht werden müssen!
Berechnung: 500 Gramm multipliziert mit 12 000 Blüten ergibt sechs Millionen Blütenbesuche für ein Glas Honig.
Zusatzinformation: Die Zahlen geben nur annähernde Werte wieder, da die Nektarmenge in den verschiedenen Blüten sehr unterschiedlich sein kann. Kleine Blüten wie zum Beispiel Kleeblüten liefern sehr viel weniger Nektar als große, ertragreiche Blüten.

Insektenstaaten und Kommunikation

Seite 54–56

1 Stelle die Merkmale und Aufgaben der Bienenwesen in einer Tabelle zusammen!

Bienenwesen	Königin	Drohn	Arbeiterin
Körperlänge	20 mm	18 mm	14 mm
Aufgaben	Gründung neuer Staaten, Eierlegen	Begattung der Königin	Verrichtung aller Arbeiten im Innen- und Außendienst
Geschlecht	Weibchen	Männchen	Weibchen
Fruchtbarkeit	ja	ja	nein
Anzahl im Bienenvolk	eine	einige	sehr viele
Entstehung	aus befruchteten Eizellen	aus unbefruchteten Eizellen	aus befruchteten Eizellen
Ernährung als Larve	besonderes Futter (Gelee Royale)	normales Futter	normales Futter
Lebensdauer	einige Jahre	einige Wochen	einige Wochen

Zusatzinformation: Das männliche Bienenwesen wird in der Fachliteratur sowie im Duden als der Drohn bezeichnet, während es in der Umgangssprache oft üblich ist, feminin von „der Drohne" zu sprechen. Aus pädagogischer Sicht ist es sicherlich sinnvoll, die wissenschaftlich korrekte Bezeichnung zu verwenden und eventuellen Widerspruch als willkommene Möglichkeit zu nutzen, das tatsächliche Geschlecht und auch die Funktion des Drohns zu erläutern und zu vertiefen.

Lebensdauer der Bienenwesen: Im Folgenden sollen genauere Daten aufgeführt werden, jedoch ohne Absicht, dass sie von Schülern auswendig gelernt werden sollen.

- *Königin: 3–4 Jahre*
- *Drohn: 1–3 Monate (je nachdem, ob und wann eine Kopulation mit der Königin erfolgt ist)*
- *Arbeiterin: Sommerbiene: 4–6 Wochen
Winterbiene: 2–6 Monate*

2 Beschreibe die Lebensweise der Waldameisen! Nimm dazu auch die Abbildung 06 zu Hilfe!

Waldameisen leben in großen Staaten mit über 100 000 Tieren. Ihr Bau ist ein Hügelnest im Wald, das sowohl überirdisch als auch unterirdisch angelegt ist. Es erreicht oft eine Höhe von über einem Meter. Im Ameisenstaat kommen viele Königinnen vor, deren Aufgabe das Legen von Eiern ist. Männchen treten nur zu Beginn der Gründung eines neuen Staates auf und sterben kurz nach den Hochzeitsflügen, bei denen sie die jungen Königinnen begatten. Die jungen Königinnen werfen nach ihrer Begattung die Flügel ab und gründen einen neuen Staat. Dazu dienen ihnen Arbeiterinnen des alten Staates, aus dem sie stammen, oder kleinere Hilfsameisen, deren Königinnen sie vorher töten. Die unfruchtbaren Arbeiterinnen tragen keine Flügel. Waldameisen ernähren sich hauptsächlich von anderen Insekten, Insektenlarven sowie Würmern und anderen kleinen Tieren, die sie mit ihren kräftigen Beißwerkzeugen und gegebenenfalls Ameisensäure überwältigen. Sie betreuen ihre Larven im unterirdischen Teil des Baues und tragen diese und die Puppen manchmal auch in den oberirdischen Teil, wenn es dort warm ist. Ameisen eines Staates erkennen sich am Geruch und verständigen sich hauptsächlich mithilfe von Duftstoffen.

Zusatzinformation: Waldameisen vernichten zu einem großen Teil Schadinsekten und sind deshalb für den Wald sehr nützlich. Sie stehen deshalb ***unter Schutz****. Manche Vögel wie zum Beispiel Eichelhäher machen sich die abschreckende und auch abtötende Wirkung der Ameisensäure zunutze und lassen sich absichtlich von provozierten Waldameisen mit Säure einsprühen. Dieses Einemsen hilft den Vögeln offensichtlich gegen ihre Ektoparasiten.*

3 Vergleiche die Waldameisen mit den Honigbienen! Nenne dabei Gemeinsamkeiten und Unterschiede!

Gemeinsamkeiten:

- Waldameisen und Honigbienen bilden große Staaten.
- Sie leben in großen gemeinsamen Bauten.
- Die Mitglieder eines Staates erkennen sich und kommunizieren jeweils miteinander.
- Sie kommen in Form von drei Wesen vor: fruchtbare Weibchen (Königinnen), fruchtbare Männchen und unfruchtbare Weibchen (Arbeiterinnen)
- Die jeweiligen Aufgaben der drei Wesen sind sehr ähnlich.
- Der Körperbau ist ähnlich. Die Körper zeigen eine deutliche Kerbung zwischen Kopf, Brust und Hinterleib.
- Die jungen Geschlechtswesen (Königinnen und Männchen) besitzen vier durchsichtige, häutige Flügel.
- Die Männchen sterben kurz nach der Begattung bei den Hochzeitsflügen.
- Die Königinnen sind die langlebigsten Wesen.

Unterschiede:

- Honigbienen ernähren sich hauptsächlich von pflanzlicher, Waldameisen vorwiegend von tierischer Kost.
- Honigbienen stellen einen großen Teil ihrer Nahrung selbst her, indem sie den gesammelten Blütennektar zu Honig verarbeiten. Ameisen nehmen ihre Nahrung weitgehend unverändert auf.
- Honigbienen bauen keine großen Nester für ihre Waben, sondern nutzen vorhandene Nischen, hohle Bäume oder Bienenstöcke der Imker. Waldameisen bauen eigene große Hügelnester.
- Honigbienen ziehen ihre Brut in selbst hergestellten Waben aus Wachs auf. Waldameisen betreuen ihre Brut in Gängen und Kammern in ihrem Bau.
- Der Lebenslauf der Arbeiterinnen der Honigbienen ist weitgehend festgelegt. Sie verrichten bestimmte Tätig-

keiten zu bestimmten Zeiten ihres Lebens. Bei Waldameisen ist diese zeitliche Aufteilung der Aufgaben nicht so ausgeprägt.
- Die Lebensdauer ist bei den Waldameisen deutlich länger als bei Honigbienen.
- Honigbienen verständigen sich über Futterquellen mit bestimmten Tänzen, Waldameisen mit Spurduftstoffen.

Seite 57 (Material)

Material A – Die „Sprache" der Honigbienen

A1 Beschreibe und benenne die in den Abbildungen A und B dargestellten Bienentänze! Nimm dazu auch Seite 55 zu Hilfe!
Tanz A: Die Kundschafterbiene läuft auf der Wabe kreisförmige Figuren mit häufigem Wechsel der Drehrichtung. Wegen der runden Form der Tanzfiguren nennt man den Tanz einen *Rundtanz.*
Tanz B: Die Kundschafterin läuft auf der Wabe eine gerade Strecke und bewegt dabei den Hinterleib zitternd hin und her, sie „schwänzelt". Ist sie am Endpunkt der Schwänzelstrecke angekommen, läuft sie wieder im Bogen abwechselnd rechts oder links herum zum Ausgangspunkt zurück und beginnt von Neuem. Wegen der zitternden Hin- und Herbewegung des Hinterleibs der Tänzerin auf dem geraden Streckenteil der Tanzfigur wird der Tanz als Schwänzeltanz bezeichnet, obwohl die Biene gar keinen Schwanz besitzt.
Zusatzinformation: Es gibt wissenschaftliche Hinweise, dass die Vibrationen und Geräusche, die beim Schwänzeln entstehen, weitere Informationen über die Futterquelle enthalten. Außerdem sollen die Vibrationen die Mittänzerinnen sowohl aktivieren als auch in der Aktivität bremsen können.

A2 Erkläre, bei welchen Voraussetzungen eine Honigbiene den Tanz in Abbildung A aufführt und was sie mitteilt!
Wenn eine neue Futterquelle nicht weit vom Bienenstock entfernt liegt, tanzt die Kundschafterbiene den Rundtanz. Durch diesen Tanz werden Sammelbienen im Bienenstock angeregt und ermuntert aufzubrechen.
Zusatzinformation: Die Untersuchungen von Karl von Frisch (Nobelpreis 1973) und anderen Wissenschaftlern ergaben, dass die Entfernungsgrenze zu einer neuen Futterquelle für den Rundtanz nicht genau festliegt. Beträgt die Entfernung zur Futterquelle weniger als 50 bis 100 Meter, tanzt die Kundschafterbiene den Rundtanz. Das heißt, bei einer Entfernung von beispielsweise 75 Metern tanzt eine Kundschafterin noch den Rundtanz, während eine andere Kundschafterbiene schon den Schwänzeltanz vorführt.

A3 Erläutere, in welcher Situation die Honigbiene den Tanz B aufführt und welche Informationen sie damit weitergibt!
Liegt eine neue Futterquelle ***weit*** vom Bienenstock entfernt, tanzt die Kundschafterin den Schwänzeltanz. Mit diesem Tanz informiert sie Sammelbienen über die Flugrichtung und Entfernung zur Futterquelle sowie über die Ergiebigkeit. In welchem Winkel zur Sonne die Sammlerinnen später abfliegen sollen, wird ihnen auf einer Wabe im gleichen Winkel zur Senkrechten nach oben vorgetanzt. Die Kundschafterin läuft dazu eine gerade Strecke in der vorgestellten Abflugrichtung und bewegt dabei ihren Hinterleib zitternd hin und her, sie „schwänzelt". Ist sie am Endpunkt der Schwänzelstrecke angekommen, läuft sie wieder im Bogen abwechselnd rechts oder links herum zum Ausgangspunkt zurück und beginnt von Neuem. Je langsamer die Tänzerin beim Tanz schwänzelt, desto weiter ist die Futterquelle entfernt. Je länger sie tanzt, desto mehr Futter ist zu holen.
Zusatzinformation: Beträgt die Entfernung zur neuen Futterquelle mehr als 50 bis 100 Meter, tanzt die Kundschafterbiene den Schwänzeltanz.

A4 Gib an, in welcher Richtung eine Sammelbiene abfliegt, wenn sie den Tanz B von einer Kundschafterin vorgetanzt bekommt! Begründe!
Nachdem die Sammelbienen über die Richtung zur Futterquelle informiert worden sind, werden sie in einem Winkel von 50 Grad nach rechts in Bezug zum Sonnenstand vom Bienenstock abfliegen. Begründung: Die Kundschafterbiene auf der Abbildung tanzt die Schwänzelstrecke in einem Winkel von 50° rechts von der Senkrechten nach oben. Die Senkrechte nach oben auf der Wabe im Bienenstock bedeutet die Abflugrichtung direkt zur Sonne.
Zusatzinformation: Honigbienen können auch bei bedecktem Himmel den Sonnenstand feststellen, da sie mit ihren Facettenaugen polarisiertes Licht wahrnehmen und die Sonne hinter den Wolken aufgrund von bestimmten Lichtmustern orten können.

A5 Aus der Abbildung C kann man entnehmen, wie den Sammelbienen im Stock die Entfernungen zu neuen Futterquellen von Kundschafterinnen vermittelt werden. Werte das Diagramm aus!
In der Grafik wird die Anzahl der Schwänzelläufe von Kundschafterbienen während jeweils 15 Sekunden in Abhängigkeit der Entfernung zur neuen Futterquelle dargestellt. Die Entfernungen betragen 100 bis 700 Meter. Aus dem Liniendiagramm kann man entnehmen, dass die Schwänzelläufe bei einer Entfernung von 100 Meter zur Futterquelle zehn Läufe pro 15 Sekunden, bei einer Entfernung von 700 Meter zur Futterquelle nur gut fünf Läufe pro 15 Sekunden betragen. Je weiter also eine Futterquelle entfernt liegt, desto weniger Schwänzelläufe pro Zeiteinheit, d. h. desto langsamer, tanzen die Kundschafterinnen.

Material B – Ameisen

B1 In der Abbildung tauschen Ameisen Informationen aus. Beschreibe, wie Ameisen eines Staates sich erkennen und wie sie Informationen über den Ort einer neuen Nahrungsquelle weitergeben!
Arbeiterinnen eines Staates erkennen sich an für den jeweiligen Staat typischen *Erkennungsduftstoffen*. Den Weg zu einer neuen Nahrungsquelle kennzeichnen sie mit *Spurduftstoffen*.

B2 Vergleiche die „Sprachen" der Honigbienen und der Waldameisen! Nimm dazu auch die Seiten 55 und 56 zu Hilfe!
Gemeinsamkeiten: Waldameisen verständigen sich hauptsächlich mit Duftstoffen, die aus Drüsen ausgeschieden und mit den Antennen wahrgenommen werden. Auch Honigbienen verständigen sich in bestimmten Situationen mit Duftstoffen. Tiere desselben Staates erkennen sich mithilfe von Erkennungsstoffen. Die Geschlechtstiere Königin und Drohn bei den Honigbienen beziehungsweise Königin und Männchen bei den Waldameisen kommunizieren über Lock- und andere Duftstoffe. Arbeiterinnen erkennen ihre Königinnen ebenfalls an deren Geruch.
Unterschiede: Waldameisen verständigen sich auch bezüglich der Futterquellen mit Duftstoffen. Honigbienen dagegen geben wichtige Informationen über Futterquellen mit Tänzen wie dem Schwänzel- und Rundtanz weiter. Sie kennen eine Tanzsprache. Das biologische Prinzip „Information und Kommunikation" besagt, dass Lebewesen untereinander Informationen austauschen, um sich zu verständigen. Dabei zeigen die Lebewesen besondere Verhaltensweisen. Dieses Prinzip lässt sich nicht nur bei den Wirbeltieren beobachten, sondern auch sehr deutlich bei den Honigbienen und Waldameisen, die zu den Insekten und damit zu den wirbellosen Tieren gehören. Besonders in großen Tiergemeinschaften wie in den Insektenstaaten ist die Kommunikation, der Austausch von Informationen, wichtig. Da die einzelnen Tiere im Staat ganz unterschiedliche Aufgaben erfüllen wie Nahrungsbeschaffung, Nestbau, Fortpflanzung, Aufzucht der Larven und Abwehr von Feinden, kann das Zusammenleben nur funktionieren, wenn sie in der Lage sind, Informationen mitzuteilen und sich gegenseitig zu verstehen. Dabei zeigen die Honigbienen und Waldameisen zum Teil ähnliche Verhaltensweisen wie das Aussenden und Wahrnehmen bestimmter Duftstoffe, aber auch ganz unterschiedliches Verhalten wie zum Beispiel, wenn sie neue Futterquellen gefunden haben. Diese besonderen Verhaltensweisen können in der Regel nur die Tiere derselben Art verstehen.
Zusatzinformation: Der Fachbegriff Antenne wird der umgangssprachlichen Bezeichnung „Fühler" vorgezogen, weil mit dem Fühlen üblicherweise nur die Aufnahme taktiler Reize beschrieben wird. Die Antennen dienen jedoch besonders der Aufnahme chemischer Reize, das heißt, Antennenträger riechen mit den Antennen. Diese Funktion wäre mit dem Begriff „Fühlen" nicht mehr abgedeckt.

B3 Eine Ameise, die fünf Milligramm wiegt, kann ein Gewicht von 500 Milligramm tragen. Stelle dein Gewicht fest! Berechne dann, wie schwer die Last wäre, die du tragen könntest, wenn du vergleichsweise so stark wie eine Ameise wärst!
Die Ameise ist in der Lage, das 100-Fache ihrer eigenen Köpermasse zu tragen. Ein Schüler löst die gestellte Aufgabe, indem er seine eigene Körpermasse feststellt und mit dem Faktor 100 multipliziert. Ein Schüler mit einer Körpermasse von beispielsweise 30 Kilogramm könnte, wenn er vergleichsweise so stark wie die genannte Ameise wäre, eine Last von 3000 Kilogramm, das heißt von drei Tonnen, tragen..
Zusatzinformation: Die tatsächlich gemessene Angabe in der Aufgabe bezieht sich auf Blattschneiderameisen. Für einheimische Waldameisen findet man Hinweise auf die Fähigkeit, das etwa 40-Fache der Körpermasse tragen zu können.

Insekten entwickeln sich unterschiedlich

Seite 58–60

1 Beschreibe die vollständige und die unvollständige Metamorphose an jeweils einem Beispiel!
Die ***vollständige Verwandlung*** am Beispiel des Tagpfauenauges: Das Weibchen des Tagpfauenauges klebt nach der Paarung bis zu 200 Eier an die Unterseite von Laubblättern geeigneter Futterpflanzen, meistens Brennnesseln. Aus dem Ei schlüpft nach einigen Tagen eine Larve, die Raupe. Die Raupe ist deutlich segmentiert und besitzt einen wurmartig lang gestreckten Körper. Sie frisst ständig, wächst und häutet sich mehrmals. Nach der letzten Häutung verpuppt sich die Raupe. Im Inneren der Puppe vollzieht sich die Verwandlung zum erwachsenen fortpflanzungsfähigen Vollinsekt. Nach einigen Wochen der Puppenruhe schlüpft der Schmetterling aus der Puppenhülle.
Die ***unvollständige Verwandlung*** am Beispiel der Laubheuschrecke: Aus dem Ei der Heuschrecke schlüpft eine Larve, die der erwachsenen Heuschrecke äußerlich ähnelt. Sie ist jedoch viel kleiner, besitzt noch keine Flügel und keine Fortpflanzungsorgane. Die Larve frisst ständig, wächst und häutet sich mehrmals. Dabei verwandelt sie sich zu einem ausgewachsenen fortpflanzungsfähigen Vollinsekt, ohne ein Puppenstadium zu durchlaufen.
Zusatzinformation: Den Begriff „Fortpflanzungsfähigkeit" als Charakteristikum von erwachsenen Tieren anstelle des Begriffs „Geschlechtsreife" zu verwenden, ist etwas problematisch, da es auch Tiere gibt, die sich als Larvalstadien fortpflanzen, wie zum Beispiel viele Endo-

parasiten, viele Hohltierarten und andere. Bei der Neotenie mancher Amphibienarten findet man bei Larvalstadien sogar beides vor, Fortpflanzungsfähigkeit und Geschlechtsreife, das heißt eigentlich Kriterien für erwachsene Tiere. In der Annahme, dass diese Fakten den Schülerinnen und Schülern unbekannt sind, wird in dem vorliegenden Buch generell der Begriff „Fortpflanzungsfähigkeit" anstelle von „Geschlechtsreife" verwendet.

2 Vergleiche die vollständige mit der unvollständigen Verwandlung!

Gemeinsamkeiten:

- Beide Entwicklungstypen verlaufen über die Stadien Ei, Larve und Vollinsekt.
- Die Larven unterscheiden sich von den erwachsenen Vollinsekten.
- Die Larven sind nicht fortpflanzungsfähig und besitzen keine Flügel.
- Die Larven fressen ständig, wachsen und häuten sich mehrfach. Das Larvenstadium ist hauptsächlich ein Fress- und Wachstumsstadium.
- Die erwachsenen Vollinsekten sind fortpflanzungsfähig und wachsen nicht mehr weiter.

Unterschiede:

- Die Larven der Insekten mit vollständiger Verwandlung unterscheiden sich grundlegend von den Vollinsekten und sehen ihnen nie ähnlich, während die Larven der Insekten mit unvollständiger Verwandlung bei manchen Insektengruppen ihren Elterntieren äußerlich ähneln können, bei anderen Insektengruppen jedoch nicht.
- Insekten mit vollständiger Verwandlung durchlaufen in ihrer Entwicklung immer ein Puppenstadium, Insekten mit unvollständiger Verwandlung nie.

Zusatzinformation: Die unvollständige Metamorphose ist charakteristisch für urtümliche Insektengruppen, die vollständige Metamorphose typisch für weiterentwickelte Insektengruppen.

3 Begründe, weshalb sich alle Insekten bei ihrer Entwicklung häuten müssen!

Die Larven der Insekten sind vergleichsweise klein, wenn sie aus den Eiern schlüpfen, und müssen sehr viel Nahrung zu sich nehmen, um zu einer arteigenen Größe heranzuwachsen. Sie sind jedoch von einem festen Außenskelett aus Chitin umgeben. Der Chitinpanzer ist nur in Grenzen flexibel und nicht in der Lage zu wachsen. Deshalb muss die Larve in bestimmten Abständen ihre alte Chitinhaut bei einer Häutung ablegen und eine neue, größere bilden.

Zusatzinformation: Das Aufplatzen der alten Chitinhaut bei der Häutung ist kein rein mechanischer Vorgang, sondern auch ein biochemischer Prozess, der durch Häutungshormone gesteuert wird.

Seite 61 (Material)

Versuch A – Mehlkäferzucht

A1 Ordne den Zahlen die richtigen Begriffe zu!

1 mittelgroßer Mehlwurm, **2** großer Mehlwurm, **3** leere Chitinhülle eines Mehlwurms (vermutlich nach dessen Häutung), **4** Puppe, **5** Mehlkäfer

Zusatzinformation: Der Entwicklungszyklus des Mehlkäfers beträgt je nach Temperatur und Nahrungsangebot etwa sechs bis acht Monate.

Die Entwicklung dauert ungefähr

- *im Ei: eine Woche,*
- *als Larve: vier bis fünf Monate,*
- *während der Puppenruhe: 14 Tage.*
- *Das Leben eines Käfers währt rund drei Monate.*

A2 Ist der Mehlwurm ein Wurm? Beurteile den Begriff Mehlwurm!

Der Begriff „Mehlwurm" ist wahrscheinlich falsch. Der Mehlwurm sieht ähnlich aus wie eine Larve des Maikäfers und trägt ebenfalls sechs gegliederte Beine. Es entwickelt sich ein Käfer aus ihm. Deshalb wäre der Begriff **Mehlkäferlarve** besser als Mehlwurm.

Material B – Entwicklung bei Käfern und Schmetterlingen

B1 Nenne die Entwicklungsstadien, die in den Abbildungen nicht zu sehen sind!

Eier und Puppen

B2 Vergleiche die Ernährungsweisen der Larven und Vollinsekten des Mehlkäfers und des Maikäfers miteinander!

Maikäferlarven und erwachsene Maikäfer ernähren sich unterschiedlich (Larven von Wurzeln, Käfer von Laubblättern), Mehlkäferlarven und erwachsene Mehlkäfer ernähren sich in gleicher Weise von Vollkornmehl.

B3 Stelle Vermutungen an, welchen Vorteil, aber auch welchen Nachteil es bieten kann, wenn sich Vollinsekten anders ernähren als ihre Larven!

- *Möglicher Vorteil:* Larven und Vollinsekten konkurrieren nicht um die gleiche Nahrung, sondern gehen sich aus dem Weg.
- *Mögliche Nachteile:* Vollinsekten müssen neue Nahrungsquellen finden. Die Suche danach kann riskant und Energie verschwendend sein. Dies wäre besonders der Fall, wenn die Vollinsekten sich nicht gut fortbewegen können oder die Larven im Nahrungsüberfluss gelebt haben, der auch von den Vollinsekten hätte genutzt werden können.

B4 Nenne Wirbeltiere, die in ihrer Entwicklung ebenfalls ein Larvenstadium durchlaufen!
Amphibien (Lurche) durchlaufen bei ihrer Entwicklung ein Larvenstadium. Die Larven von Fröschen und Kröten werden Kaulquappen genannt.

Angepasstheiten der Insekten

Seite 62–64

1 Beschreibe den gemeinsamen Grundbauplan der Mundwerkzeuge der Insekten!
- Die Mundwerkzeuge der Insekten sitzen außerhalb des Kopfes und bestehen aus Chitin.
- Die Mundwerkzeuge bestehen aus den vier Teilen: Ober- und Unterlippe sowie dazwischen Ober- und Unterkiefer.
- Unterkiefer und -lippe tragen bei vielen Insekten Taster.

2 Vergleiche den Aufbau der Mundwerkzeugtypen der Insekten!
Die Mundwerkzeuge können bei den verschiedenen Insektenarten sehr unterschiedlich geformt sein. Man unterscheidet:
- Mundwerkzeuge mit *Beißzangen*, zum Beispiel bei Ameisen. Die Oberkiefer bestehen aus zwei kräftigen Zangen, die waagerecht zueinander bewegt werden. An den beiden Unterkieferhälften und an der Unterlippe sitzen Taster zum Betasten und Schmecken der Nahrung. Diese Form der Mundwerkzeuge ist die ursprüngliche und häufigste bei Insekten.
- *Leckrüssel,* zum Beispiel bei Honigbienen. Unterkiefer und -lippe sind zu einem Saugrohr und zu einem Löffelchen umgeformt.
- *Saugrüssel,* zum Beispiel bei Schmetterlingen. Der Unterkiefer ist zu einem langen schlauchförmigen Saugrohr umgeformt.
- *Stechrüssel,* zum Beispiel bei Stechmücken. Die Mundwerkzeuge sind zu spitzen Stechborsten mit einem Rohr und einer Rinne umgewandelt. Diese Mundwerkzeuge, von der Mücke eng zusammengehalten, bilden einen Stechrüssel.

Zusatzinformation:
- Der ***Tupfsaugrüssel*** der Stubenfliege wird aus Platzgründen nicht aufgeführt.
- Am Bau des Stechrüssels bei Stechmücken ist zusätzlich eine ***Innenlippe*** (Hypopharynx) beteiligt. Durch sie verläuft das Speichelrohr. Das Saugrohr wird von der stark verlängerten, rohrartig gekrümmten Oberlippe und der gegen den offenen Teil der Oberlippe gelegten Unterlippe gebildet. Die Stechrüssel anderer Blut oder Pflanzensäfte saugender Insekten sind oft anders konstruiert.

3 Erläutere den Zusammenhang zwischen Struktur und Funktion am Beispiel der verschiedenen Mundwerkzeuge bei Insekten!
Allgemein kann man feststellen, dass für eine bestimmte Funktion, in diesem Fall die Nahrungsaufnahme, ein entsprechender Aufbau, eine entsprechende Struktur der Organe, in diesem Fall der Mundwerkzeuge, nötig ist.
Die unterschiedlichen Formen sind Angepasstheiten an die jeweilige Ernährungsweise der Insekten.
- ***Feste Nahrung*** wird mit beißend-kauenden Mundwerkzeugen zerkleinert und aufgenommen.
- ***Flüssige Nahrung*** wird mit leckenden, tupfenden und saugenden Mundwerkzeugen aufgenommen. Dazu sind immer Teile der Mundwerkzeuge zu Rüsseln mit Rohren oder Rinnen umgeformt.
- Flüssige Nahrung, die aus anderen Lebewesen herausgesogen werden muss, wird mit Stechrüsseln aufgenommen. ***Blutsaugende Insekten*** wie die Stechmücken besitzen neben einem Saugrüssel für die Blutaufnahme auch ein Rohr, um Speichel in die Wunde fließen zu lassen.

4 Beschreibe den Grundbauplan eines Insektenbeins!
- Alle Insekten besitzen sechs Beine, die paarweise an den drei Brustsegmenten angewachsen sind.
- Die Beine sowie auch die Füße sind rohrartig aus Chitin aufgebaut.
- Die Beine sowie auch die Füße sind in mehrere Teile gegliedert und beweglich miteinander beweglich verbunden.
- In diesen Bein- und Fußgliedern befinden sich Muskeln zum Bewegen der Gliedmaßen.
- Die Beine sind immer aus den Gliedern Hüfte, Schenkelring, Schenkel und Schiene aufgebaut. An der Schiene sitzt der mehrgliederige Fuß.

Seite 65 (Material)

Material A – Mundwerkzeuge

A1 Benenne jeweils den Typ der Mundwerkzeuge bei den abgebildeten Insekten! Stelle Vermutungen an, wovon und wie sich diese Insekten ernähren, und begründe deine Vermutungen! Nimm dazu auch die Seiten 62 und 63 zu Hilfe!
- ***Engerling:*** Beißzangen. Er ernährt sich von fester Nahrung wie zum Beispiel Wurzeln und beißt sie dazu ab.
- ***Tsetsefliege:*** Stechrüssel. Sie sticht in Tiere und saugt Blut.
- ***Schwalbenschwanz:*** Saugrüssel. Der Schmetterling saugt flüssige Nahrung wie zum Beispiel Blütennektar aus Blüten mit tiefem Blütenboden.
- ***Hummel:*** Leckrüssel. Sie leckt und saugt Blütennektar aus flachen Blüten.

A2 Manche Insektenarten benutzen ihre Mundwerkzeuge nicht nur zur Nahrungsaufnahme. Stelle Vermutungen an, für welche weiteren Aufgaben manche Insektenarten ihre Mundwerkzeuge verwenden! Nenne drei Möglichkeiten mit Beispielen!

- Manche Insekten *füttern andere Insekten,* wie zum Beispiel die Bienen ihre Larven.
- Manche Insekten *tragen Material* mit ihren Mundwerkzeugen, wie zum Beispiel Ameisen ihre Larven, Puppen, Beutetiere oder Baumaterial.
- Manche Insekten *beißen zur Abwehr* von Feinden, wie zum Beispiel die Ameisen.

Material B – Insektenbeine

B1 Benenne die Beintypen der dargestellten Insekten!

- Gelbrandkäfer: Schwimmbein
- Puppenräuber: Laufbein
- Filzlaus: Klammerbein
- Warzenbeißer: Sprungbein

B2 Beschreibe die Aufgaben, die diese Beine erfüllen, und wie sie daran angepasst sind!

- Das Schwimmbein dient dem Schwimmen unter Wasser. Es ist verlängert und trägt lange Borsten, welche die Fläche des Beins vergrößern. Dadurch wirkt es wie ein Paddel und dient dem besseren und schnelleren Schwimmen.
- Das Laufbein dient der normalen Fortbewegung der Insekten auf festen Oberflächen und ist die Grundform der Insektenbeine. Mit den Krallen an den Füßen kann sich das Insekt auf dem Untergrund besser festhalten. Darüber hinaus trägt das Laufbein keine besonderen Anpassungsmerkmale.
- Das Klammerbein wird weniger zur Fortbewegung, sondern hauptsächlich zum Festklammern an den Haaren des Tieres benutzt, auf dem die Laus Blut saugt. Das Bein ist vergleichsweise kurz, stark gebogen und trägt starke Klauen an den Füßen zum Festhalten.
- Das Sprungbein ermöglicht weite Sprünge. Bei ihm sind Schenkel und Schiene verlängert und verstärkt. Außerdem ist der Schenkel verbreitert und besitzt somit vermutlich mehr Muskeln als der Schenkel eines Laufbeins. Diese Merkmale dienen einer größeren Sprungkraft.

B3 Ein Menschfloh ist bis zu 3 Millimeter groß und kann bis zu 30 Zentimeter hoch und 50 Zentimeter weit springen. Berechne, wie hoch und wie weit eine Schülerin oder ein Schüler mit einer Körpergröße von 150 Zentimetern bei vergleichbaren Voraussetzungen springen könnte!

Ein Menschfloh ist bis zu 3 Millimeter groß und kann bis zu 30 Zentimeter hoch und 50 Zentimeter weit springen.

Berechnung:

- Hochsprung: 300 mm / 3 mm = x mm / 1500 mm x = 300 × 1500 / 3 = 150 000 mm = 150 m

Ergebnis: Die Person könnte ***150 Meter hoch*** springen.

- Weitsprung: 500 mm / 3 mm = x mm / 1500 mm x = 500 × 1500 / 3 = 250 000 mm = 250 m

Ergebnis: Die Person könnte ***250 Meter weit*** springen.

Wie Insekten sehen und fliegen

Seite 66–68

1 Beschreibe den Aufbau und die Funktion eines Komplexauges und erkläre diese Namensgebung!

Aufbau:

Das Komplexauge besteht aus vielen Einzelaugen. Ein Einzelauge enthält eine Chitinlinse, einen Kristallkegel, Sehzellen, eine lichtundurchlässige Schicht um das Auge herum und zwei ableitende Sehnerven.

Funktionen:

- Die Linse bildet einen winzigen Punkt des Abbildes der Umgebung auf den Sehzellen im Inneren des Auges ab.
- Der Kristallkegel unterstützt die Linsenfunktion.
- Die lichtundurchlässige Schicht schirmt das Einzelauge vor Seitenlicht ab.
- Die Sehnerven leiten die Informationen vom Einzelauge an das Oberschlundganglion weiter.
- Im Oberschlundganglion werden alle Bildinformationen aus den vielen Einzelaugen des Netzauges zu einem Gesamtbild zusammengesetzt. Das Bild besteht also zunächst aus vielen Einzelpunkten, vergleichbar mit dem Bild auf einem Monitor.

Zusatzinformation: In jedem Einzelauge (Ommatidium) sind meist acht längliche Sehzellen eng kreisförmig angeordnet und bilden im Innenraum zusammen einen lichtempfindlichen Sehstab. Die lichtundurchlässige Schicht um die Einzelaugen enthält dunkle Pigmente. Diese Pigmentzellen können bei manchen Insektenarten zur Adaption an die jeweiligen Lichtverhältnisse jalousieartig bewegt werden.

Bei der Darstellung, wie ein Insekt seine Umwelt sieht, wird häufig ein mehr oder weniger gerastertes Bild je nach Anzahl der Einzelaugen (Ommatidien) präsentiert, doch niemand weiß wirklich, welche subjektiven Seheindrücke das Insekt tatsächlich erhält. Denn man kann vorerst nicht nachvollziehen, wie das Oberschlundganglion die einzelnen Bildpunkte aus den vielen Einzelaugen verrechnet und letztendlich zu einem Bild zusammensetzt. Die Pointilisten unter den Entomologen würden sich vermutlich wundern, wenn sie durch ein Netzauge sehen, was inzwischen technisch möglich ist, und dann das tatsächlich empfundene Bild des Insektes wahrnehmen könnten.

Zusatzinformation zu Eigenschaften und Leistungen: Die gute Rundumsicht sowie das sehr hohe Reaktionsver-

mögen machen es schwierig, Fliegen mit der Hand zu fangen. Die unterschiedliche Farbwahrnehmung bei Honigbienen erforschten der Nobelpreisträger Karl von Frisch und andere mit farbmarkierten Futterschälchen, mit denen die Bienen angelockt wurden. Um den Stand der Sonne hinter Wolken zu orten, nutzen Honigbienen ihre Fähigkeit, polarisiertes Licht wahrnehmen und die Polarisationsebenen unterscheiden zu können.

Erklärung des Namens:

Der Name Komplexauge bezieht sich darauf, dass das Auge aus einem Komplex vieler Einzelaugen besteht. Eine andere Bezeichnung für diesen Augentyps ist Netzauge, das bezieht sich auf die netzartige Oberfläche des zusammengesetzten Auges, wie sie ein Betrachter durch eine Lupe sieht. Die wabenförmige Oberfläche des Komplexauges ist auf die sechseckige Form der Linsen zurückzuführen.

Zusatzinformation: Ein weiterer und häufig verwendeter Fachbegriff für das Komplexauge ist „Facettenauge". Auf ihn wurde hier verzichtet, weil den Schülerinnen und Schülern der Unterstufe in der Regel unbekannt sein dürfte, was man unter Facetten versteht.

2 Vergleiche die Lage der direkten und die indirekten Flugmuskulatur sowie ihre Arbeitsweisen!

Gemeinsamkeiten:
- Beide dienen der Bewegung von Flügeln.
- Beide bestehen aus je zwei Muskelarten, die durch abwechselnde gegenläufige Tätigkeit das Heben und das Senken der Flügel bewirken.
- Beide befinden sich jeweils im Brustabschnitt der Insekten.

Unterschiede:
- Die direkte Flugmuskulatur setzt an den Flügeln an und bewegt diese direkt. Die indirekte Flugmuskulatur setzt an den Chitinringen der Brustsegmente an und bewegt die Flügel nur indirekt.
- Die indirekte Flugmuskulatur bringt den Brustabschnitt zum schnellen Schwingen und ermöglicht so einen schnelleren Flügelschlag als die direkte Flugmuskulatur.
- Die direkte Flugmuskulatur kommt bei einfach gebauten, die indirekte bei komplizierter gebauten Insektenarten vor.

Seite 69 (Material)

Material A – Punktauge

A1 Benenne die gekennzeichneten Sinnesorgane der Hornisse!

1 Antenne, **2** Netzauge, **3** Punktauge

A2 Vergleiche die beiden verschiedenen Augentypen der Insekten. Nimm dazu auch die Seiten 66 und 67 zu Hilfe!

Gemeinsamkeiten:
- Beide nehmen Lichtreize wahr und leiten die Informationen an das Oberschlundganglion weiter.
- Beide sitzen im oder auf dem Kopf.

Unterschiede:
- Das Komplexauge ist vergleichsweise sehr groß, das Punktauge klein.
- Das Komplexauge ist sehr kompliziert, das Punktauge einfach gebaut.
- Das Komplexauge besteht aus vielen winzigen Einzelaugen, das Punktauge ist ein Einzelauge.
- Das Komplexauge dient dem Sehen ganzer Bilder, das Punktauge erkennt nur Helligkeitsunterschiede.

Material B – Komplexaugen

B1 Stelle Vermutungen an, welches der dargestellten Insekten
a) im Flug fliegende Insekten jagt,
b) in Gängen unter der Erde lebt und kleine Tiere jagt,
c) umherfliegt und Aas sucht.
Begründe deine Zuordnung!

a) Mosaikjungfer (Libelle)
b) Grille (Maulwurfsgrille)
c) Goldfliege (Schmeißfliege)

Zusatzinformation: Es wurden bei der Libelle und der Schmeißfliege absichtlich Artnamen verwendet, um die Antworten nicht vorwegzunehmen. Aus dem gleichen Grund wurde nur die allgemeine Bezeichnung Grille aufgeführt und nicht der Artenname.

B2 Begründe, warum man bei diesen Tieren ihre Angepasstheit an die Lebensweise und den Lebensraum erkennen kann!

Das Erschließungsfeld Angepasstheit ist am Beispiel der dargestellten Insektenaugen und der Lebensweise ihrer Träger leicht erkennbar.
- Die Libelle benötigt für das Fliegen große Augen, um gut sehen zu können. Für die Jagd auf andere fliegende Insekten müssen die Augen besonders gute und scharfe Bilder liefern. Sehr große Augen mit sehr zahlreichen Einzelaugen liefern die schärfsten Bilder. Für eine erfolgreiche Jagd ist es außerdem von großem Vorteil, in möglichst alle Richtungen sehen zu können. Riesige Komplexaugen, die wie bei der Libelle rund um den Kopf verlaufen, ermöglichen die beste Rundumsicht.
- Schmeißfliegen suchen, während sie fliegen, nach Aas, das heißt nach ruhender Nahrung. Für das Fliegen brauchen sie gute, deshalb große Netzaugen. Da sie aber nicht auf lebende und fliegende Beute reagieren müssen, genügen ihnen nach vorn gerichtete Augen, die auch nicht so groß sein müssen wie bei Libellen.
- Grillen, die in Gängen unter der Erde leben und sich von kleinen Tieren ernähren, benötigen keine guten Augen. Ihnen genügen kleine Augen. Große Komplexaugen

wären unter der Erde sogar ein Nachteil, weil sie leichter verletzt werden können. Ähnliche Zusammenhänge sind vom Maulwurf bekannt.
Zusatzinformation: Nicht bei allen Insektenarten lässt sich der Zusammenhang zwischen Lebensweise, Lebensraum und Größe der Komplexaugen so eindeutig herstellen. So besitzen Schaben trotz ihres überwiegend dunklen Lebensraums, ihrer meist nächtlichen Aktivität und ihrer unbeweglichen Nahrung relativ große Komplexaugen, während viele tagaktive Käfer- und Heuschreckenarten fast so kleine Komplexaugen wie Grillen besitzen. Die möglichen Nachteile werden in der Regel durch andere Vorteile ausgeglichen, die ein Überleben (vorerst) sichern.
Maulwurfsgrillen ernähren sich nicht nur von kleinen Beutetieren, sondern auch von feinen Wurzeln, weshalb sie von vielen als schädlich betrachtet werden.

Versuch C – Funktionsmodell zur Arbeitsweise der Flugmuskulatur bei Insekten

C1 Begründe, ob das Modell die Arbeitsweise der direkten oder der indirekten Flugmuskulatur darstellt!
Das Modell stellt die Arbeitsweise der indirekten Flugmuskulatur bei Insekten dar. Die Kochlöffel lassen sich indirekt durch die Auf- und Abwärtsbewegung des Topfdeckels heben und senken wie die Flügel bei einem Insekt, das mit einer indirekten Flugmuskulatur seine Flügel hebt und senkt.

C2 Ordne die Teile des Modells den entsprechenden Körperteilen eines Insektes zu! Erläutere, was das Modell nicht zeigt!
Zuordnung der Teile des Versuchsaufbaues zu Körperteilen des Insektes:
- Topf: Bauchplatte eines Brustsegmentes
- Deckel: Rückenplatte eines Brustsegmentes
- Löffel: Flügel

Das Modell enthält neben anderem nicht:
- Flugmuskeln
- häutige Verbindungen zwischen dem Deckel als Rückenplatte und dem Topf als Bauchplatte
- festgewachsene Löffel als Flügelersatz.

C3 Das Taubenschwänzchen, ein Schmetterling, saugt während eines schnell schwirrenden Fluges Nektar aus Blüten. Stelle Vermutungen an, welche Flugmuskulatur den Schwirrflug begünstigt! Begründe!
Der Schwirrflug des Taubenschwänzchens wird durch eine indirekte Flugmuskulatur begünstigt. Denn die indirekte Flugmuskulatur bewirkt ein schnelles Schwingen des Brustteils, an dem die Flügel sitzen. Die schnellen Schwingungen übertragen sich in schnelle Flügelbewegungen.
Zusatzinformation: Man vergleicht das Taubenschwänzchen oft mit einem Kolibri. Dabei muss aber berücksichtigt werden, dass Kolibris wie alle Vögel mit einer direkten Flugmuskulatur fliegen. Ebenso zeigen viele Libellen einen Schwirrflug. Jedoch ist die Frequenz der Flügelschläge bei dem Taubenschwänzchen deutlich höher als bei den genannten Tieren mit direkter Flugmuskulatur. Ähnlich verhält es sich auch bei den Schwebfliegen bei ihrem Schwirrflug mit indirekter Flugmuskulatur.

3 Parasiten

Wirbellose Tiere als Parasiten

Seite 73 (Material)

Material A – Malaria

A1 Vergleiche die beiden Diagramme! Ziehe Schlussfolgerungen, welcher Malariaerreger gefährlicher ist!
Fieberkurve von Patient 1:
Der Erreger, mit dem sich Patient 1 infiziert hat, bewirkt innerhalb von 120 Stunden oder fünf Tagen zwei Fieberanfälle. Nach einem Fieberanfall am ersten Tag, sind der zweite und dritte Tag fieberfrei. Am vierten Tag erfolgt dann wieder ein neuer Fieberanfall.
Fieberkurve von Patient 2:
Der Erreger, mit dem sich Patient 2 infiziert hat, bewirkt innerhalb von 120 Stunden drei Fieberanfälle. Nach einem Fieberanfall am ersten Tag, ist nur ein Tag fieberfrei. Am dritten Tag erfolgt der zweite Fieberanfall, und nachdem der 4. Tag wieder fieberfrei war, erfolgt am 5. Tag der dritte Fieberanfall. Außerdem ruft dieser Erreger höheres Fieber hervor als der Erreger von Patient 1.
Da die Fieberanfälle bei Patient 2 häufiger sind und höheres Fieber auftritt als bei Patient 1, müsste der Erreger von Patient 2 gefährlicher sein als der von Patient 1.
Zusatzinformationen: Die Fieberkurve von Patient 1 zeigt den Verlauf bei Malaria quartana, die durch eine Infektion mit Plasmodium malariae verursacht wird.
Sie macht rund 7 % aller weltweiten Malariafälle aus und kommt hauptsächlich in Afrika vor. Die Inkubationszeit beträgt vier bis fünf Wochen. Ein Vermehrungszyklus dauert 72 Stunden. Da Plasmodium malariae vorzugsweise alte Erythrozyten befällt und damit weniger als 1 % der Erythrozyten befallen werden, ist die Parasitendichte

nicht so hoch. Todesfälle durch Malaria quartana sind deshalb selten.
Die Fieberkurve von Patient 2 zeigt den Verlauf bei Malaria tertiana. Sie wird entweder durch eine Infektion mit Plasmodium vivax oder Plasmodium ovale verursacht. Plasmodium vivax ist weltweit verbreitet und vor allem in Asien häufig. Sie macht rund 43 % aller Malariaerkrankungen aus. Ein Vermehrungszyklus dauert 48 Stunden. Plasmodium ovale kommt vorwiegend in Westafrika vor und verursacht etwa 1 % aller Malariaerkrankungen. Die Inkubationszeit beträgt zwei bis drei Wochen. Ein Vermehrungszyklus dauert 50 Stunden. Die beiden Erreger befallen nur junge Erythrozyten. Malaria tertiana führt selten zum Tod. Kleine Kinder können allerdings an einer durch diese Form der Malaria ausgelösten Blutarmut sterben. Außerdem enthält das Blut von Patienten mit Malaria tertiana von Beginn an geschlechtsreife Formen des Parasiten, wodurch Menschen im Umfeld eines Patienten bereits nach weniger als drei Wochen infiziert werden können.
Die gefährlichste Form von Malaria ist Malaria tropica. Sie wird durch eine Infektion mit Plasmodium falciparum verursacht und ist für 49 % aller Malariaerkrankungen verantwortlich. Plasmodium falciparum ist weltweit in den Tropen verbreitet. Die Inkubationszeit beträgt ein bis zwei Wochen. Ein Vermehrungszyklus dauert wie bei Plasmodium vivax 48 Stunden. Trotzdem sind unregelmäßig auftretende Fieberphasen charakteristisch. Ihre Gefährlichkeit beruht darauf, dass die Erreger Erythrozyten jeden Alters befallen können. Werden mehr als 25 % der Erythrozyten befallen, endet die Krankheit normalerweise tödlich.

A2 Informiere dich im Internet über die Verbreitung von Malaria! Nenne jeweils drei Länder mit einem geringen, hohen und sehr hohen Malariarisiko!
siehe Abbildung unten
Länder mit einem geringen Malariarisiko:
z. B. Westmexiko, Nordkolumbien, Mittel- und Nordbrasilien, Ostchina, Südindien
Länder mit einem hohen Malariarisiko:
z. B. Nicaragua, Honduras, Guyana, Suriname, Französisch Guinea, Pakistan, Indien, Bangladesh, Bhutan, Thailand, Vietnam
Länder mit einem sehr hohen Malariarisiko:
z. B. Senegal, Guinea, Ghana, Nigeria, Madagaskar, Papua-Neuguinea

Material B – Bandwürmer

B1 Formuliere eine passende Überschrift für die Abbildung!
- Lebenszyklus des Rinderbandwurms
- Lebenslauf des Rinderbandwurms
- Wirtswechsel des Rinderbandwurms
- Entwicklung und Übertragung des Rinderbandwurms zwischen Rind und Mensch

Malariagebiete weltweit

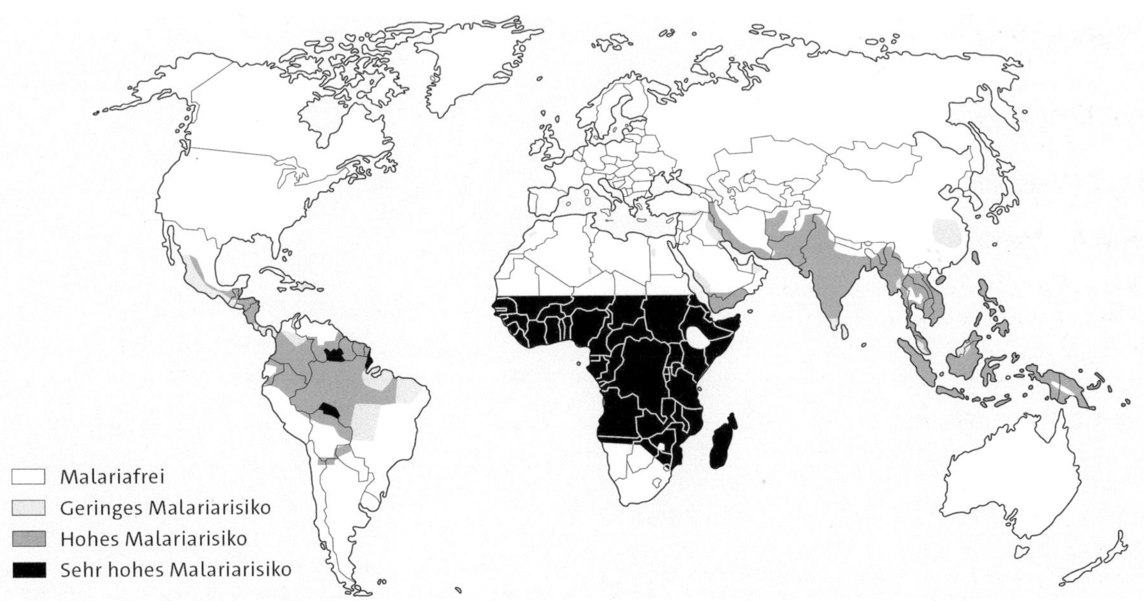

Cornelsen/ Karin Mall

B2 Ordne den Zahlen die passenden Fachbegriffe zu!
1 = Finne, **2** = junger Rinderbandwurm, **3** = Kopf des Rinderbandwurms, **4** = Rinderbandwurm mit zahlreichen Körpergliedern, **5** = Körperglied mit reifen Eiern, **6** = Ei des Rinderbandwurms

Gestufte Hilfe:
Vorgabe der Fachbegriffe in ungeordneter Reihenfolge.

B3 Beschreibe mithilfe der Abbildung den Entwicklungsgang des Rinderbandwurms!
Beim Verzehr von rohem Rindfleisch kann sich der Mensch mit dem Rinderbandwurm infizieren. Im Fleisch, den Muskeln, des Rindes können abgekapselte Entwicklungsstadien, die Finnen, des Rinderbandwurms enthalten sein. Die aufgenommen Finnen entwickeln sich im Dünndarm des Menschen zu Bandwürmern. Mit seinen Saugnäpfen am Kopf hält sich der Bandwurm im Darm fest. Er bildet hinter seinem Kopf immer neue Körperglieder. Dadurch wächst der Bandwurm im Dünndarm. Der Rinderbandwurm ist ein Zwitter und kann sich selbst befruchten. Im hintersten Körperglied entwickeln sich die Eier, die vom Menschen wieder ausgeschieden werden. Wenn diese von den Rindern wieder aufgenommen werden, können sich wieder Finnen in den Muskeln des Rindes bilden. Der Entwicklungszyklus des Rinderbandwurms beginnt erneut. Für die Entwicklung eines Rinderbandwurmes ist daher immer ein Wirtswechsel notwendig.

B4 Vergleiche die Erkrankungen mit dem Rinder- und Fuchsbandwurm beim Menschen! Nutze auch die Seiten 71 und 72 des Schülerbuchs!
Mit einem Rinderbandwurm infiziert sich ein Mensch, wenn er Finnen mit rohem Rindfleisch aufnimmt. Diese setzen sich im menschlichen Dünndarm fest und entwickeln sich zu Bandwürmern. Da diese dem Menschen Nährstoffe entziehen, leiden befallene Menschen unter Hungergefühl, Übelkeit und Durchfall.
Mit einem Fuchsbandwurm infiziert sich ein Mensch, wenn er die Eier des Bandwurms aufnimmt. Die aus den Eiern hervorgehenden Finnen befallen die Leber, und es bildet sich eine große Finnenblase mit mehreren Bandwurmköpfen aus. Die Finnenblase zerstört durch ihr rasches Wachstum Lebergewebe und schädigt auch aufgrund ihrer Größe die Leber sehr stark. Außerdem können sich Tochterblasen bilden, die sich ebenfalls in der Leber festsetzen, wodurch die Leber in ihrer Funktion noch stärker beeinträchtigt wird.

Gestufte Hilfe: Nenne zunächst die Entwicklungsstadien des jeweiligen Parasiten, die der Mensch bei einer Infektion aufnimmt, und stelle davon ausgehend dann die Ursachen der jeweiligen Krankheitserscheinungen dar.

Der Wald als Lebensgemeinschaft

1 Lebensraum Wald

Aufbau des Waldes

Seite 82–84

1 Erkläre die Bedeutung von Auwäldern!

Ein Auwald bietet vielen Tieren einen Lebensraum. Sehr viel Totholz und umgefallene Baumstämme dienen den Tieren zum Beispiel als Nistmöglichkeiten. Auch die stark ausgeprägten Stockwerke des Waldes, wie zum Beispiel die üppige Krautschicht, bietet vielen Tieren Lebensraum. Sie suchen dort nach Nahrung, Versteckmöglichkeiten oder auch Brutplätzen.

In einer Flussaue findet man etwas vom Ufer entfernt hauptsächlich Bäume die an nasse Böden angepasst sind. Beispiele sind zum Beispiel die Weide oder Erle. Die Flussauen sind Überschwemmungsgebiete. Bei Hochwasser kann der Fluss oder Bach über die Ufer treten. Daher sind die Flussauen mit ihren Auwäldern wichtig für den Hochwasserschutz, damit das Hoch-wasser der Flüsse schon in den Überschwemmungsgebieten der Flussauen übers Ufer treten kann und nicht erst in Städten oder Dörfern.

2 Beschreibe einen Waldtyp in deiner näheren Umgebung! Fertige dazu auch eine Skizze des Stockwerkaufbaus an!

Individuelle Schülerantwort

Seite 85–87 (Material)

Material A – Die Stockwerke des Waldes

A1 Ordne die abgebildeten Pflanzen den Stockwerken des Waldes zu! Begründe deine Zuordnungen!

Zur Baumschicht gehören Stieleiche, Bergahorn, Rotbuche und Hainbuche, da sie alle höher als fünf Meter und bis zu 40 Meter hoch sind.

Zur Strauchschicht gehören Hasel, die Esche als junger Baum und der Schwarze Holunder, da sie jeweils höher als ein Meter und bis zu fünf Meter hoch sind.

Tollkirsche, Waldmeister, Bärlauch, Rotbuche als Keimling und Maiglöckchen sind Pflanzen der Krautschicht, da sie alle nicht höher als ein Meter sind.

A2 In jedem Stockwerk des Waldes suchen bestimmte Tiere ihre Nahrung und ziehen ihre Jungtiere auf. Beschreibe die Lebensweise von drei Wildtierarten in den einzelnen Stockwerken des Waldes! Recherchiere dazu im Internet!

Da der Wald über 700 Tierarten beherbergen kann, sind viele verschiedene individuelle Schülerantworten möglich. Es ist daher sinnvoll, die Schülerinnen und Schüler mit dem Internet nach Lösungsmöglichkeiten suchen zu lassen. Aber auch Lexika über den Wald oder Tierlexika können den Schülerinnen und Schülern Lösungsansätze oder Ideen liefern.

Material B – Standortfaktor Licht

B1 Beschreibe die Ausprägung der Stockwerke in den Abbildungen A und B!

Der junge Mischwald ist deutlich niedriger als der alte Wald. Im Jungwald kann man eine Strauchschicht erkennen, die aus jungen Bäumen und Büschen besteht. Der Boden darunter ist von einer dichten Krautschicht bewachsen. Die Baumschicht ist nicht vorhanden.

Der gleiche Mischwald sieht 20 Jahre später ganz anders aus. Inzwischen gibt es eine Baumschicht. Einige der jungen Bäume, die 20 Jahre vorher die Strauchschicht gebildet haben, sind groß geworden. In der Strauchschicht befinden sich noch wenige Büsche und eine Krautschicht ist fast nicht mehr zu erkennen.

B2 Begründe die unterschiedliche Ausprägung der Strauchschicht mithilfe der Angaben zum Lichteinfall!

Pflanzen brauchen für ihre Entwicklung und zum Wachsen Licht. Im jungen Mischwald ist in Höhe der Sträucher sehr viel Licht vorhanden. Die Lichtstärke beträgt hier 80 Prozent, da das Licht nicht von der Baumschicht abgeschirmt wird. Die Pflanzen der Strauchschicht haben viel Licht zur Verfügung und können sich daher gut entwickeln. Ist eine Baumschicht vorhanden, so kommt in der Strauchschicht kaum Licht an. Die Lichtstärke beträgt dann in der Strauchschicht nur noch 20 Prozent und es entwickeln sich hier viel weniger Pflanzen.

In der Krautschicht kommen sogar nur noch zehn Prozent des Sonnenlichtes an, sodass sich hier nur noch sehr wenige Pflanzen entwickeln können.

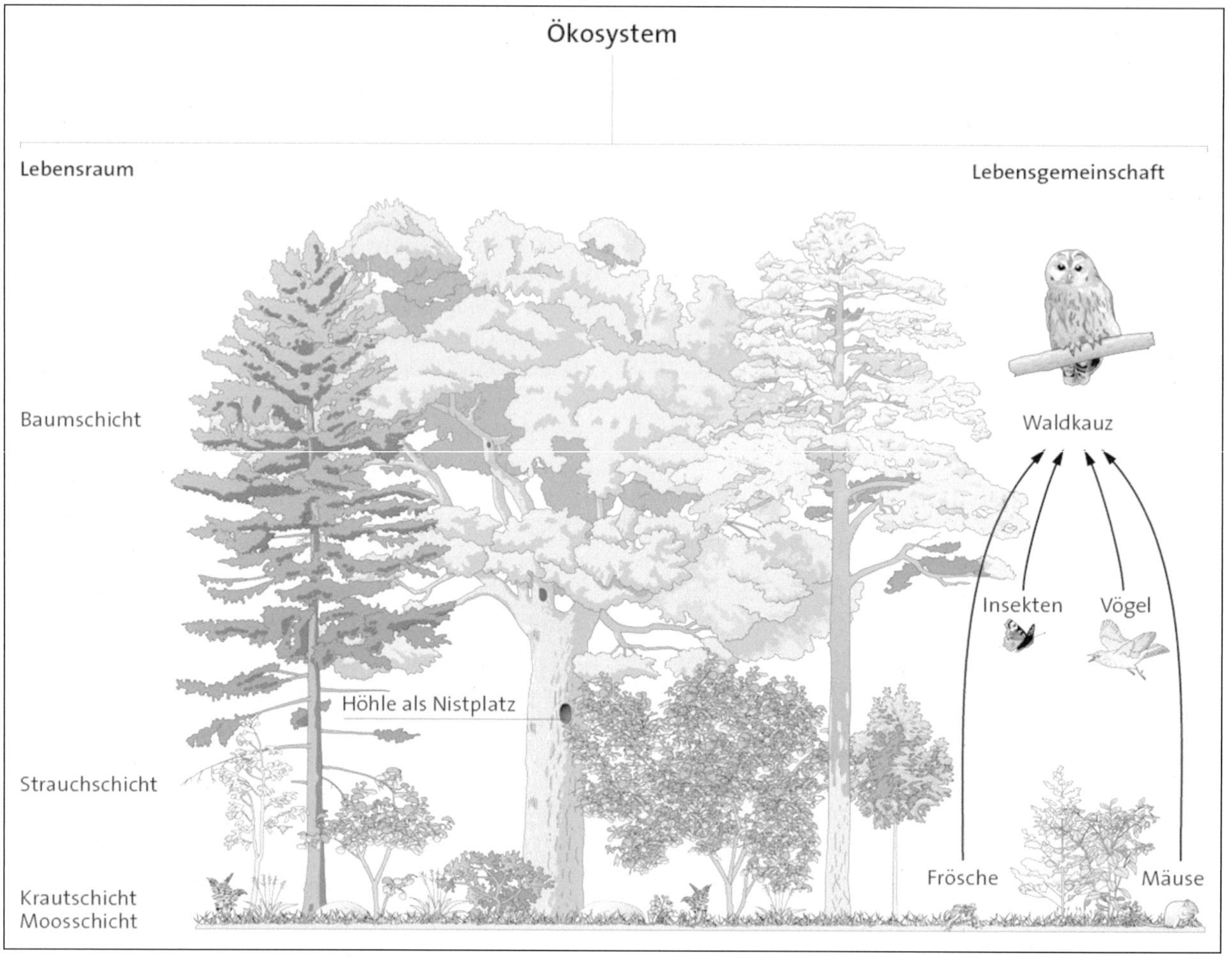

Cornelsen/ Tom Menzel

Material C – Wir untersuchen eine Waldfläche

C1 Bestimme die Baumarten auf deiner Untersuchungsfläche mithilfe von Bestimmungsbüchern! Trage die verschiedenen Baumarten in deine Kartierung ein!
Individuelle Schülerantwort.

C2 Trage nun Gräser, Kräuter, Sträucher, Totholz und Pilze ein! Hinweis: Es sollen keine Artnamen der Sträucher, Gräser, Kräuter und Pilze eingetragen werden.
Individuelle Schülerantwort.

C3 Beschreibe die Verteilung der Pflanzen auf der Untersuchungsfläche!
Individuelle Schülerantwort.

Material D – Wasserhaltevermögen des Waldbodens

D1 Berechne die Differenz zwischen der eingefüllten und ausgetropften Wassermenge der verschiedenen Bodenproben! Gib die Werte in Prozent an!

Die Lösung steht exemplarisch für einen tonigen und lehmigen Boden:
Waldboden: 45 ml wurden zurückgehalten, 45 %
Sand: 14 ml wurden zurückgehalten, 14 %
Kies (feinkörnig): 5 ml wurden zurückgehalten, 5 %

D2 Stelle die Werte der Bodenproben in einer Tabelle dar! Vergleiche die Werte und ziehe eine Schlussfolgerung!

	Waldboden	Sand	Kies
Ausgetropfte Wassermenge in ml	55	86	95
Wasserhaltefähigkeit in %	45	14	5

Schlussfolgerung: Der Waldboden hat ein höheres Wasserhaltevermögen als Sand oder Kies. Dies kann man anhand der ausgetropften Wassermenge sehen. Der Waldboden ist viel feiner als Sand oder sogar Kies. Da bei Sand oder Kies viele Hohlräume dazwischen sind, kann das Wasser nicht so gut „haften“ bleiben und läuft durch.

Zusatzinformation: Die häufigsten Böden sind Braunerde, Parabraunerde, Podsol, Rendzina und wasserbeeinflusste Arten wie der Gley oder der Pseudogley. Ihre Entstehung ist abhängig vom Ausgangsgestein. So kann aus Sandstein zum Beispiel ein Podsol entstehen. Die in der Lösung festgestellte ausgetropfte Wassermenge für den Waldboden unterscheidet sich daher je nach Bodenart. In jedem Boden sind unterschiedliche Anteile an Tonmineralen, die das Wasserhaltevermögen der Böden erhöht. Das beschriebene Wasserhaltevermögen des Waldbodens in der Lösung orientiert sich eher an tonigen bis lehmigen Böden, wie zum Beispiel einen Auenboden. Je sandiger ein Boden wird, desto geringer wird sein Wasserhaltevermögen sein.

D3 Erläutere die Bedeutung des Waldbodens für das Ökosystem Wald!
Ein Waldboden kann sehr viel Wasser aufnehmen und ist daher als Wasserspeicher für den Wald von großer Bedeutung. Da er sozusagen auch das Regenwasser filtert, entzieht ein Waldboden dem Regenwasser Schadstoffe, die nicht in das Grundwasser gelangen. Bei großen Niederschlagsmengen, kann der Waldboden viel Wasser aufnehmen und verringert somit auch die Gefahr von Hochwasser.
Für viele krautige Pflanzen, Sträucher und Bäume ist der Boden wichtig, denn der Waldboden bietet den Pflanzenwurzeln Halt. Da der Boden ein Wasserspei-cher ist, können die Pflanzenwurzeln Wasser und auch darin gelöste Mineralstoffe aufnehmen. Dies ist für die Fotosynthese der Pflanzen sehr wichtig.
Außerdem bietet der Waldboden vielen Bodentieren, wie zum Beispiel dem Regenwurm, einen Lebensraum.

Material E – Entwicklung eines Waldes

E1 Beschreibe die Entwicklung des Waldes!
Die Bäume wachsen lange Zeit immer weiter in die Höhe. Sie werden größer und älter. Unter den Bäumen ist es schattig und es wachsen dort nur wenige Kräuter. Das Holz der Bäume wird an immer mehr Stellen morsch. Schließlich reicht ein Windstoß aus, um einen alten Baumriesen umfallen zu lassen. Häufig reißt er benachbarte Bäume mit sich. So entsteht eine Lichtung. Das Licht dringt nun bis an den Waldboden vor, wo nun viel mehr Kräuter wachsen können. Tiere finden Futter auf der Lichtung. Sträucher breiten sich aus, und auch Bäume keimen. Allmählich werden erneut Bäume höher, die Lichtung wächst zu. Wieder wird es am Waldboden schattiger und es kommen dort nur noch wenige Kräuter vor. Nach einigen Jahrzehnten sieht man kaum noch, wo für eine Zeitlang die Lichtung bestanden hatte. Der Wald hat sich wieder geschlossen. Aber vielleicht ist an einer anderen Stelle ein Baum umgefallen, sodass eine neue Lichtung entstanden ist.

E2 Nenne Tiere, die auf der Lichtung leben!
Alle Tiere, die Früchte oder Tiere fressen, finden auf der Lichtung mehr Nahrung als im Wald. Denn es gibt auf der Lichtung mehr Pflanzen, die nahrhafte Früchte hervorbringen, vor allem Sträucher. Auch leben dort viele Insekten und Vögel. Vögel brüten dort, eierfressende Tiere können die Nester plündern. Unter anderem findet man auf der Lichtung den Puppenräuber und andere Käfer, Eichelhäher, Buchfink, Waldkauz und zahlreiche andere Vogelarten, auch Eichhörnchen, Haselmaus und Wildschwein. Man kann sagen: Alle Tiere des Waldes können zwar gut im Wald leben, aber auf der Lichtung finden sie noch viel mehr Nahrung.

E3 Begründe, warum nach der Bildung der Lichtung Kräuter keimen und wachsen!
Wenn der Waldboden nicht mehr von den Bäumen des Waldes beschattet wird, kommt dort viel Sonnenlicht an. Die Kräuter brauchen Sonnenlicht zum Leben. Sie können deswegen auf der Lichtung besser keimen und wachsen.

E4 Erkläre, weshalb schließlich wieder ein Wald an die Stelle der Lichtung tritt!
Die Lichtung ist von zahlreichen Bäumen umgeben. Deren Früchte und Samen fallen auf den Boden der Lichtung, die Samen keimen dort. Die Bäume können sogar besonders gut auf der Lichtung wachsen, weil sie von allen Seiten geschützt werden. Überall ragen große und alte Bäume neben ihnen auf.

Der Laubwald im Jahresverlauf

Seite 88–90

1 Nenne die Ursachen für die Veränderungen des Laubwalds im Jahresverlauf!
Unterschiedliche Licht- und Temperaturverhältnisse verursachen die Veränderungen des Laubwalds im Jahresverlauf.
Zusatzinformation: Eventuell kann hier auch noch der Faktor Wasser angeführt werden. Auf die Problematik der Versorgung mit Wasser wird bereits kurz auf S. 34 und S. 35 eingegangen

2 Erkläre die Angepasstheit eines Frühblühers am Beispiel des Buschwindröschens!
Folgende Schülerantworten sind denkbar:
- Der Erdspross ist ein unterirdisches Speicherorgan voller Nährstoffe, das der Pflanze das frühzeitige Austreiben und den Beginn der Fotosynthese ermöglicht, bevor die Laubbäume ihr das Licht nehmen.
- Die frühe Blütezeit ermöglicht der Pflanze die frühe Bildung von Früchten und Samen, sodass das Busch-

windröschen problemlos absterben kann, wenn die belaubten Bäume ihm das Licht nehmen.
- Während das Buschwindröschen Fotosynthese treibt, werden neue Erdsprosse gebildet, die mit Nährstoffen gefüllt werden und gleichzeitig für die weitere Verbreitung der Pflanze sorgen.

3 Beschreibe den Unterschied zwischen einer Wurzelknolle, einer Sprossknolle und einer Zwiebel!
Knollen sind (durch Einlagerung von Nährstoffen) rundlich verdickte, unterirdische Pflanzenteile:
- Bei der Wurzelknolle handelt es sich um verdickte Wurzeln.
- Bei der Sprossknolle ist der direkt über den Wurzeln befindliche Teil der Sprossachse verdickt.
- Die Zwiebel besteht aus unterirdischen, dickfleischigen Blättern.

Der wesentliche Unterschied besteht also darin, welches Pflanzenteil jeweils zur Einlagerung von Nährstoffen genutzt wird.

Seite 91 (Material)

Material A – Licht und Pflanzenwachstum im Laubwald

A1 Beschreibe und erkläre den Verlauf der Kurve „Lichtintensität am Boden eines Laubwaldes" in der Abbildung!
Der Verlauf der Kurve gibt die Lichtintensität am Boden eines Laubwaldes im Laufe eines Jahres wieder:
Von Januar bis April steigt die Lichtintensität ständig an, um Ende April ein Maximum zu erreichen. Im Mai fällt die Lichtintensität am Boden stark ab und bleibt von Juni bis Anfang September minimal. Dann steigt sie bis Mitte November noch einmal etwas an und fällt anschließend wieder auf ein geringes Level ab.
Der Verlauf der Kurve erklärt sich durch die Menge des verfügbaren Sonnenlichts, die von den Laubbäumen auf den Boden durchgelassen wird:
Im Winter sind die Laubbäume kahl und lassen das Sonnenlicht durch; jedoch sind die Tage kurz und die Lichtintensität deshalb gering. Im Frühjahr nimmt die Tageslänge und damit die Lichtintensität am Boden zu, bis die Bäume sich zu belauben beginnen. Von Ende Mai bis Anfang September lässt das dichte Laubdach kaum mehr Licht auf den Boden durch. Mit dem Laubfall kommt wieder mehr Licht auf den Boden, doch nimmt die Tageslänge und damit die Lichtintensität im November rasch ab.

A2 Beschreibe anhand der Abbildung, wie das Scharbockskraut an das Leben im Laubwald angepasst ist!
Schon Mitte Februar, wenn die Lichtintensität am Boden stark zunimmt und die Laubbäume noch kahl sind, treibt das Scharbockskraut aus und beginnt mit der Fotosynthese. Bereits in der zweiten Märzhälfte beginnt es zu blühen. Wenn die Bäume auszutreiben beginnen, beendet es bereits seine Blütezeit. Solange die Laubbäume noch Licht auf den Boden durchlassen, betreibt es weiter Fotosynthese. Die oberirdischen Pflanzenteile sterben Ende Mai ab, wenn es kaum noch Licht am Waldboden gibt.

A3 Erkläre, weshalb die Rot-Buche nicht zu den Frühblühern gezählt wird!
Frühblüher benötigen unterirdische Speicherorgane voller Nährstoffe, die bereits im Vorjahr gebildet wurden. Diese Nährstoffe sind die Voraussetzung dafür, dass die Frühblüher schnell austreiben und blühen können.
Die Buche verfügt über keine entsprechenden Speicherorgane. Außerdem dauert es bei einem hohen Baum mit vielen Laubblättern länger als bei einer kleinen krautigen Pflanze, bis eine ausreichende Wasserversorgung der Krone gesichert ist.

A4 Im Balken für die Rot-Buche ist nur die Blütezeit farblich markiert. Ordne den ausgesparten Zeiträumen selbst gewählte, passende Farben zu und begründe!
Verschiedene Lösungen sind denkbar:
So könnte in Anlehnung an die dargestellten Balken des Scharbockskrauts und des Buschwindröschens nur die Farbe Grün für die Belaubung gewählt werden. In diesem Fall wäre der Zeitraum von Anfang April bis Ende Oktober grün auszumalen. Der restliche Zeitraum müsste dann grün schraffiert werden, da die oberirdischen Pflanzenteile ja nicht komplett absterben, sondern in den Knospen neu angelegt werden.
Denkbar sind auch die Farben Grün und Braun, wenn man bei den oberirdischen Pflanzenteilen nicht nur an die Laubblätter, sondern auch an Stamm und Äste denkt, die ganzjährig vorhanden sind.
Auch noch differenziertere Lösungen sind vorstellbar, in denen zum Beispiel zwischen dem zarten Grün der Frühjahrsbelaubung, dem Dunkelgrün der Sommerblätter und bunter Herbstbelaubung unterschieden wird.

Material B – Das Schneeglöckchen im Jahresverlauf

B1 Beschreibe die Entwicklung des Schneeglöckchens und seiner Zwiebel im Jahresverlauf!
Noch vor Beginn des Winters beginnt die Zwiebel unter dem Boden auszutreiben. Dieser Trieb ist von einem Hüllblatt eingeschlossen und durchbricht bereits im Januar den Boden. Bis Februar schieben sich aus dem Hüllblatt zwei längliche Laubblätter und die Sprossachse mit einer Blütenknospe nach oben. Im März entfaltet sich die glockenförmige weiße Blüte. Nach der Befruchtung entwickelt sich daraus eine Fruchtkapsel. Diese legt sich im späten Frühjahr zu Boden und entlässt Samen, an denen sich ein nährstoffhaltiges Anhängsel befindet. Gleichzeitig ver-

welken auch die Laubblätter, sodass im Sommer über der Erde nichts mehr vom Schneeglöckchen zu sehen ist.
Auch die Zwiebel verändert sich im Jahresverlauf: Die Zwiebelblätter werden vom Beginn des Winters bis zum März immer dünner, weil das Schneeglöckchen die Nährstoffe aus der Zwiebel beim Austreiben verbraucht. Dafür wachsen im Jahresverlauf eine Ersatzzwiebel (rot gezeichnet) und eine Brutzwiebel (gelb gezeichnet) heran. Im Herbst ist die alte Zwiebel dann durch eine Ersatzzwiebel ersetzt; die Brutzwiebel spaltet sich ab.
Zusatzinformation: Wenn das junge Schneeglöckchen durch einen Kälteeinbruch überrascht wird, legt sich der bis dahin ausgetriebene Teil der Pflanze waagerecht auf den Boden, sodass die Laubblätter und die Blüte Frost und Wind besser überstehen können.
In der Abbildung ist nur eine Brutzwiebel dargestellt; je nach Fotosyntheseleistung im Frühjahr können auch mehrere solche Zwiebeln pro Pflanze angelegt werden.

B2 Erläutere die Aufgaben der verschiedenen Zwiebeltypen, die das Schneeglöckchen bildet!
Die eigentliche Zwiebel ist ein Speicherorgan, das Nährstoffe für das Austreiben und Blühen im frühen Frühjahr enthält. Die Ersatzzwiebel speichert die im Frühjahr hergestellten neuen Nährstoffe; aus ihr wird die Pflanze des nächsten Frühjahres austreiben. Die Brutzwiebel dient der (ungeschlechtlichen) Vermehrung des Schneeglöckchens.

B3 Erläutere die Wechselwirkung zwischen Schneeglöckchen und den in der Abbildung dargestellten Insekten!
Das Schneeglöckchen steht mit zwei verschiedenen Insekten in Wechselwirkung, der Biene und der Ameise.
Die Biene findet am Frühblüher Schneeglöckchen Pollen und Nektar als Nahrung; das Schneeglöckchen kann bei diesen Besuchen von der Biene bestäubt werden.
Die Ameise findet in dem nährstoffhaltigen Anhängsel der Schneeglöckchensamen Nahrung; die Samen des Schneeglöckchens werden verbreitet, wenn die Ameisen sie vom Fundort wegschleppen.
So gereicht die Wechselwirkung zwischen Schneeglöckchen und Biene beziehungsweise Ameise beiden Lebewesen zum Vorteil.
Zusatzinformation: Das Schneeglöckchen ist auf die beschriebenen Wechselwirkungen nicht angewiesen. So kommt es zur Selbstbestäubung, wenn die Bienen ausbleiben, und der Samen wird ohne Ameisen nur weniger weit verbreitet.

Moose und Farne sind Sporenpflanzen

Seite 92–94

1 Beschreibe den Bau eines Laubmooses!
Ein Laubmoos besteht aus den Rhizoiden, die sich im Boden befinden. Daran wächst das Moosstämmchen nach oben. Am Moosstämmchen befinden sich viele dünne Laubblätter und oben bildet sich die Sporenkapsel, in der die Sporen reifen.

Seite 95 (Material)

Material A – Wo wachsen Moose?

A1 Erstelle mithilfe der Tabelle ein Säulendiagramm! Werte die Untersuchung aus!
Auswertung: Die Untersuchung zeigt die unterschiedliche Anzahl der Moosarten in verschiedenen Lebensräumen. Im Wald gibt es mit 230 die meisten Moosarten und in dem verlassenen Fabrikgelände gibt es mit 200 Moosarten nur etwas weniger als im Wald. Auf der Wiese gibt es mit 120 Moosarten auch noch eine gut Artenvielfalt, in der Siedlung mit 70 Moosarten noch etwas weniger. Die wenigsten Moosarten kommen auf dem Acker vor. Da sind es mit 15 Arten nicht mal 10 % von Wald beziehungsweise verlassenem Fabrikgelände.

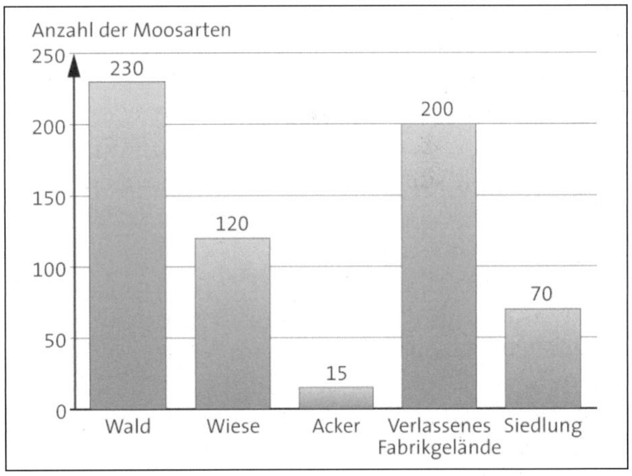

Cornelsen/Werner Wildermuth

A2 Stelle eine begründete Vermutung für die Vielfalt an Moosen auf dem verlassenen Fabrikgelände und im Wald auf!
Die Vielfalt der Moose im Wald und auf dem verlassenen Fabrikgelände ist besonders groß, weil dort günstige Bedingungen für Moose herrschen.
Beides sind Lebensräume mit Wasser beziehungsweise mit großer Luftfeuchtigkeit, Schatten und auch ausreichend Licht für Fotosynthese. Daher ist die Vielfalt von Moosen im Wald besonders hoch.

Im verlassenen Fabrikgelände sind Moose Neubesiedler des Bodens und haben als Pionierpflanzen kaum Konkurrenz um Licht, Wasser oder Nährstoffe. Deshalb findet man dort viele Moosarten.

A3 Erkläre die Bedeutung der Moose für den Wald!
Moose haben im Wald eine sehr große Bedeutung. Sie kommen in der Moosschicht vor oder auch an Baumstämmen oder Baumstümpfen. Dort sind sie Lebensraum für Kleinstlebewesen wie Spinnen und Käfer, die sich darin verstecken können. Gleichzeitig bilden die Moose meist ein dichtes Polster, das besonders gut das Wasser speichern kann. So wird der Boden vor Erosion geschützt und das Wasser spült die Erde nicht weg. Außerdem geben die Moose das Wasser langsam wieder ab, was für eine hohe Luftfeuchtigkeit im Wald sorgt. Manche Pflanzenfresser des Waldes ernähren sich auch von Moosen.

Material B – Fortpflanzung und Entwicklung bei Farnen

B1 Beschreibe mithilfe der Abbildung den Generationswechsel der Farne!
Bei der Fortpflanzung der Farne gibt es einen Generationswechsel. Er besteht aus einer geschlechtlichen und einer ungeschlechtlichen Generation, die einen Kreislauf bilden.
Der große, grüne Farn gehört zur ungeschlechtlichen Generation, weil keine Befruchtung stattfindet. Er bildet Sporenkapseln mit Sporen. Sind die Sporen reif, öffnen sich die Sporenkapseln und die sehr kleinen, leichten Sporen werden vom Wind verteilt.
Fallen die Sporen auf günstigen Boden, keimen sie und wachsen. Es bildet sich die geschlechtliche Generation, der kleine Vorkeim. Auf ihm befinden sich männliche und weibliche Geschlechtsorgane. Die männlichen Geschlechtsorgane bilden Spermienzellen, die zu den Eizellen der weiblichen Geschlechtsorgane schwimmen. Dort findet die Befruchtung statt. Aus der befruchteten Eizelle wächst direkt auf dem Vorkeim wieder eine große, grüne Farnpflanze. Das ist die neue ungeschlechtliche Generation.

B2 Erläutere, welche Bedingungen der Vorkeim braucht, damit eine junge Farnpflanze entstehen kann!
Der Vorkeim muss unbedingt Wasser haben, denn die Samenzellen müssen im Wasser schwimmend die Eizellen auf dem Vorkeim erreichen.

Pilze sind keine Pflanzen

Seite 96–98

1 Beschreibe den Bau eines Hutpilzes!
Ein Hutpilz besteht unterirdisch aus dem Myzel. Das ist ein weitreichendes Geflecht aus Pilzfäden. Es bildet den Fortpflanzungskörper. Der oberirdische Fortpflanzungskörper besteht aus dem Stiel und dem Hut. Die Hutunterseite hat bei Röhrenpilzen Röhren, in denen die Sporen sind. Bei Lamellenpilzen ist die Hutunterseite geblättert und hat auch Sporen.

2 Beschreibe die Fortpflanzung eines Hutpilzes!
Hutpilze pflanzen sich ungeschlechtlich fort, da keine Befruchtung erfolgt. Die ausgewachsenen Fortpflanzungskörper bilden Sporen, die auf den Boden fallen. Bei guten Bedingungen wächst aus jeder Spore ein neues Myzel.

3 Erläutere die Bedeutung der Pilze für den Kreislauf der Natur!
Pilze haben eine sehr große Bedeutung für den Kreislauf der Natur. Sie sind besondere Lebewesen, die sich von organischen Stoffen der Pflanzen oder Tiere ernähren. Sind die Tiere oder Pflanzen abgestorben, können die Pilze sie zersetzen. Die Pilze nehmen die energiereichen Stoffe auf und nutzen die Energie für ihre eigenen Lebensvorgänge. Die restlichen Stoffe sind Mineralstoffe, die sie wieder in den Boden abgeben. Dadurch wird der Boden für die grünen Pflanzen, die Produzenten „gedüngt“ und sie können besser wachsen. Pflanzenfresser, wie Kaninchen ernähren sich dann davon. Und die Fleischfresser, wie der Rotfuchs haben dann auch Nahrung. So hängt die Ernährung von Produzenten und Konsumenten immer von der Aktivität der Pilze, den Destruenten ab.

Seite 99 (Material)

Material A – Holzbewohnende Pilze

A1 Vergleiche Zunderschwamm und Hallimasch!

Merkmale	Hallimasch	Zunderschwamm
Bau	Myzel, Fruchtkörper	
Vorkommen	An Bäumen/Baumpilze	
Ernährung	Heterotroph von Lignin, Zellulose alter kranker Bäume	
Fruchtkörper	Klein, weich, Hut, Stiel Orange/braun Lamellenpilz	Groß, hart, scheibenförmig, Grau Bis 60 cm Durchmesser
(Baumarten)	Alle außer Weißtanne, Eibe	Buchen, Pappeln

A2 Erkläre, wie sich die holzbewohnenden Pilze ernähren!
Holzbewohnende Pilze ernähren sich von dem Holz der alten oder kranken Bäume. Da sie kein Chlorophyll besitzen, müssen sie die energiereichen Stoffe wie zum Beispiel die Zellulose der Pflanzen zersetzen. Aus diesen organischen Stoffen entnehmen sie die Energie und geben energiearme Mineralstoffe wieder ab. Das ist eine heterotrophe Ernährungsweise.

A3 Erkläre, in welchen Wäldern man viele holzbewohnende Pilze finden kann!
Holzbewohnende Pilze findet man besonders oft in Wäldern, die nicht bewirtschaftet werden. In ihnen lässt der Mensch der Natur freien Lauf. In diesen Wäldern werden alte oder umgestürzte Bäume nicht weggeräumt, sondern liegen gelassen. Das ist die ideale Nahrung für holzbewohnende Pilze, die dann alte und kranke Bäume zersetzen. Das große Nahrungsangebot fördert die Verbreitung und das Wachstum dieser Pilze.

A4 Erläutere die Bedeutung der holzbewohnenden Pilze für den Wald!
Holzbewohnende Pilze, wie die Feuerschwämme sind im Wald sehr wichtig. Sie sind im Kreislauf der Natur unentbehrlich. Da sie Altholz und Totholz als Destruenten gut zersetzen und damit neuen Boden bilden. Das führt zu guten Wachstumsbedingungen für die Pflanzen.
An der Anzahl der holzbewohnenden Pilze in einem Wald kann man erkennen, wie natürlich sich ein Wald entwickelt. Je mehr holzbewohnenden Pilze vorhanden sind, desto naturnäher ist der Wald.

A5 Informiere dich im Internet, wie früher Zunder hergestellt wurde!
Zuerst muss der Pilz vom Baum abgemacht werden. Anschließend wird der Zunderschwamm in Scheiben geschnitten und dann zerkleinert. Zum Schluss muss der Pilz noch getrocknet werden.

Material B – Pilze sammeln

B1 Stelle weitere Regeln auf!
Unbekannte Pilze können mit Speisepilzen verwechselt werden. Der Genuss der giftigen Pilze führt zu Vergiftungserscheinungen, wie Übelkeit oder ist sogar tödlich.
Auch giftige Pilze haben wichtige Aufgaben im Wald. Wenn Sie zerstört werden, können sie nicht mehr wachsen und sich auch nicht mehr fortpflanzen. Dann fehlen die Destruenten im Wald.
Pilze müssen gut gekaut werden, da die Bestandteile meist schwer verdaulich sind. Durch das starke zerkleinern können die Verdauungssäfte die Pilze besser zersetzen.
Pilze würden in Plastiktüten ganz schnell schlecht werden, verschimmeln und ungenießbar werden.

B2 Beschreibe, wie der Weiße Knollenblätterpilz und der Feldchampignon eindeutig unterschieden werden können!
Die beste Unterscheidung ist an der Hutunterseite, den Lamellen zu erkennen. Der Feldchampignon hat rosa bis braun gefärbte Lamellen. Beim Knollenblätterpilz sind die Lamellen aber immer weiß. Außerdem befindet sich das untere Stielende des Knollenblätterpilzes in einer sackartigen Hülle, beim Champignon aber nicht.

B3 Erkundige dich, wo in deiner näheren Umgebung ein Pilzsachverständiger arbeitet!
Individuelle Schülerantwort.

Tiere des Waldes

Seite 100–101

1 Erstelle eine Tabelle zu den Schichten des Waldes! Ordne jeder Schicht drei Tierarten zu!
Die Schülerinnen und Schüler können die verschiedenen Tiere aus dem Text entnehmen. Oft sind mehrere Antworten möglich.

Schicht	Tiere
Wurzelschicht	Regenwurm, Mauerassel, Doppelfüßer
Moosschicht	Waldeidechse, Kreuzotter, Waldmaus (oder auch Igel, Waldmistkäfer, Rote Waldameise)
Krautschicht	Schmetterlinge wie der Kleine Fuchs oder Admiral, Waldschwebfliege, Steinhummel (auch Rehe und Wildschweine)
Strauchschicht	Amsel, Zaunkönig, Haselmaus (auch Marienkäfer, Junikäfer)
Baumschicht	Buchfink, Ringeltaube, Baumfalke

Seite 102–103 (Material)

Material A – Der Rotfuchs – ein typischer Fleischfresser?

A1 Nenne die Nahrung des Rotfuchses in den jeweiligen Jahreszeiten!
Frühjahr: Insekten, kleine Säugetiere (Mäuse, Ratten), kleine Vögel (Spatzen), Gräser
Sommer: kleine Säugetiere (Mäuse), Früchte, Vögel, Insekten
Herbst: Früchte und Gräser, kleine Vögel (Meisen), kleine Säugetiere (Mäuse), Insekten
Winter: Säugetiere (Kaninchen, Ratten), Gräser, Vögel

A2 Begründe die Veränderungen in der Zusammensetzung der Nahrung!
Die Nahrungszusammensetzung des Rotfuchses ändert sich im Jahresverlauf, weil in den verschiedenen Jahreszeiten unterschiedliche Nahrung zur Verfügung steht. So

machen zum Beispiel Früchte im Sommer und Herbst einen großen Teil seiner Nahrung aus, während es im Frühjahr und Winter keine Früchte gibt. Insekten werden vom Frühjahr bis in den Herbst hinein gefressen, im Winter dagegen findet der Rotfuchs keine Insekten.

A3 Erstelle für den Rotfuchs einen Steckbrief!

Rotfuchs

Lebensraum: Wälder, Grasland, Äcker und zunehmend Dörfer und Städte

Merkmale: hundeähnlicher Körperbau, lange spitze Schnauze, große Ohren, buschiger Schwanz, typisches fuchsrotes Fell

Nahrung: Regenwürmer, Kaninchen, Vögel, Nagetiere, Insekten, Früchte

Besonderheiten: sehr intelligent und anpassungsfähig, zunehmend als Kulturfolger in Dörfern und Städten anzutreffen

A4 Erläutere die Bedeutung von Raubtieren wie Rotfuchs oder Wolf für den Wald als Ökosystem!

Raubtiere wie der Rotfuchs und Wolf sorgen durch das Jagen von Beutetieren wie Kaninchen dafür, dass sich diese nicht unkontrolliert vermehren. Außerdem fressen Raubtiere oft kranke und schwache Tiere und halten den Wald somit gesund. Durch die Raubtiere wird somit das Gleichgewicht im Ökosystem auf-rechterhalten.

A5 Begründe, ob es möglich ist, dass verschiedene Tierarten des Waldes die gleiche Nahrung nutzen!

Verschiedene Tierarten können die gleiche Nahrung nutzen, wenn sie sich dabei gegenseitig nicht stören. Dies zum Beispiel ist der Fall, wenn die Tiere zu unterschiedlichen Tageszeiten auf Nahrungssuche gehen.

Material B – Angepasstheit des Uhus an seinen Lebensraum

B1 Beschreibe die Besonderheiten im Körperbau des Uhus!

Die Fänge (Füße) des Uhus haben lange, spitze Krallen. Der Kopf ist sehr breit und besitzt Federn, die wie Ohren aussehen. Der Schnabel des Uhus ist lang und scharf. Die beiden großen Augen des Uhus zeigen nach vorne.

B2 Erläutere die Angepasstheit der abgebildeten Merkmale bei der Jagd des Uhus!

Mit den langen, spitzen Krallen kann der Uhu seine Beute sehr gut packen und festhalten. Der Schnabel ist lang und scharf. Mit ihm kann der Uhu seine Beute zerlegen. Die zwei nach vorne gerichteten Augen ermöglichen eine gute räumliche Wahrnehmung. Damit kann der Uhu seine Beute gut fixieren und den Abstand zu ihr bei der Jagd abschätzen.

B3 Der Uhu ist in der Lage, seinen Kopf um 180 Grad zu drehen. Erkläre den möglichen Vorteil, den der Uhu damit bei der Jagd hat!

Dadurch, dass der Uhu seinen Kopf um 180° drehen kann, ist er in der Lage seine Umgebung nach Beute abzusuchen ohne den Körper dabei zu bewegen.

Zusatzinformation: Die Augen des Uhus können nicht bewegt werden. Er muss daher seinen Kopf bewegen um sein Sichtfeld zu verändern.

B4 Beschreibe das Zusammenspiel der abgebildeten Merkmale bei der Jagd vom Sehen der Beute bis zum Fressen!

Wenn der Uhu auf Jagd geht, dreht er seinen Kopf um bis zu 180° und sucht mit seinen großen, nach vorne gerichteten Augen nach Beutetieren. Hat er ein Beutetier gesehen, fliegt er auf es zu und packt es mit seinen langen, spitzen Krallen. Mit dem scharfen Schnabel zerlegt der Uhu seine Beute.

Material C – Lebensraum der Vögel im Baum

C1 Beschreibe die Schnabelformen! Ziehe Schlussfolgerungen auf die Art der Nahrung!

Ziegenmelker: sehr kurz, breit – Insekten
Fliegenschnäpper: spitz – (Flug-)Insekten
Tannenmeise: kurz und spitz – Insekten und Samen
Fichtenkreuzschnabel: gebogen und gekreuzt – knackt damit Kerne auf
Sommergoldhähnchen: kurz und spitz – Insekten
Drossel: spitz – Insekten, Samen (Würmer, Beeren)
Kleiber: spitz – Insekten und Samen
Gartenbaumläufer: leicht gebogen – Insekten und Spinnen an der Borke von Bäumen
Buntspecht: kräftig und spitz – vor allem Insekten und Larven unter der Borke
Grünspecht: kräftig, lang und spitz – vor allem Insekten und Larven unter der Borke

C2 Begründe, warum ein Baum vielen Vogelarten Lebensraum bieten kann!

Ein Baum kann vielen Vogelarten einen Lebensraum bieten, weil es sehr unterschiedliche Bereiche im Baum gibt: Stamm, äußere Krone, innere Krone, in den unteren Ästen oder in den höheren Ästen. Auf diese Bereiche können sich die Vogelarten verteilen. Meist stellen die verschiedenen Bereiche auch unter-schiedliche Nahrung zur Verfügung.

Material D – Mäuse im Wald

D1 Vergleiche mithilfe einer Tabelle die abgebildeten Mäuse hinsichtlich ihrer Farbe und ihres Körperbaus!

Merkmal	Waldmaus	Gelbhalsmaus
Farbe	braun	braun
Ohren	klein	groß
Augen	groß und hervorstehend	groß und hervorstehend
Kopf	groß	klein
Körper	kompakt	kompakt
Schwanz	nackt	nackt
Füße	nackt	nackt

D2 Nenne Tiere des Waldes, die Feinde der Mäuse sind!
Mögliche Antworten sind: Eulen und andere Raubvögel, Schlangen, Marder, Wiesel, Wildkatzen, Füchse, Ratten, Luchse …

D3 Erläutere am Beispiel von zwei Merkmalen, wie sich die Mäuse vor ihren Feinden schützen können!
Durch ihre geringe Körpergröße ist die Maus für Raubtiere schwer ausfindig zu machen. Sie kann sich dadurch auch leicht im Unterholz oder in Erdlöchern verstecken.
Durch ihre Fellfarbe hebt sich die Maus kaum von ihrer Umgebung ab und ist somit gut getarnt. So kann man sie beispielsweise auf dem Waldboden nur schlecht erkennen. Dies erschwert Raubtieren das Aufspüren der Maus.
Mit ihren großen Ohren kann die Maus Raubtiere und andere Gefahren frühzeitig wahrnehmen und so rechtzeitig fliehen. Man sieht Mäuse im Wald daher nur selten.

Material E – Buntspecht

E1 Erkläre am Beispiel von drei Merkmalen, wie der Buntspecht an seine Lebensweise angepasst ist!
Der kräftige Schnabel wird vom Specht wie ein kleiner „Presslufthammer" eingesetzt. Damit kann er leicht die Borke eines Baumes aufhacken, um an die darunter lebenden Larven zu gelangen.
Die lange, mit Widerhaken besetzte Zunge ermöglicht es dem Specht an Larven zu gelangen, die tief unter der Borke sitzen.
Mit seinen Kletterfüßen kann sich der Specht problemlos an der Borke von Bäumen festhalten.
Weitere Antwortmöglichkeit:
Der Stützschwanz des Spechts gibt ihm beim Aufhacken der Borke einen sicheren Stand.

Nahrungsbeziehungen im Wald

Seite 104–105

1 Beschreibe die Nahrungsbeziehung zwischen Vogelbeerbaum, Eichhörnchen, Baummarder, Bakterien und Pilzen!
Zwischen Vogelbeere, Eichhörnchen, Baummarder, Bakterien und Pilzen besteht eine Nahrungsbeziehung, die sich als Nahrungskette beschreiben lässt. Vogelbeeren werden von Eichhörnchen gefressen, die wiederum von Baummardern erbeutet werden. Die Überreste und der Kot des Baummarders werden von Pilzen und Bakterien zersetzt.
Vogelbeere → Eichhörnchen → Baummarder → Bakterien und Pilze

Seite 107 (Methode)

Informationsbeschaffung

1 Informiere dich zum Thema „Waldschäden in Sachsen"! Nutze alle zur Verfügung stehenden Medien! Erstelle ein Poster!
Individuelle Schülerantwort.

Seite 109 (Material)

Material A – Nahrungsbeziehungen im Wald

A1 Erstelle für die abgebildeten Tier- und Pflanzenarten zwei möglichst lange Nahrungsketten in deiner Mappe!
Beachte: → bedeutet „wird gefressen von"!
Nahrungskette 1: Stieleiche → Grüner Eichenwickler → Großer Puppenräuber → Buchfink → Eichhörnchen → Waldkauz
Nahrungskette 2: Stieleiche → Grüner Eichenwickler → Großer Puppenräuber → Buchfink → Eichelhäher → Eichhörnchen → Waldkauz

A2 Erstelle für alle dargestellten Lebewesen ein Nahrungsnetz in deiner Mappe!
siehe Abbildung auf der folgenden Seite; weitere Verbindungspfeile sind möglich

A3 Alle Stiel-Eichen in diesem Lebensraum werden gefällt. Erläutere die Auswirkungen dieser Veränderung für die Anzahl der Großen Puppenräuber und der Waldkäuze! Verwende dazu das von dir erstellte Nahrungsnetz!
Die Stiel-Eiche ist die Nahrungsgrundlage der Raupen des Grünen Eichenwicklers, daher wird dieser wahrscheinlich aussterben. Die Raupen des Grünen Eichenwicklers sind die Nahrungsgrundlage des Großen Puppenräubers. Er hat nun keine Nahrung mehr und wird aussterben.

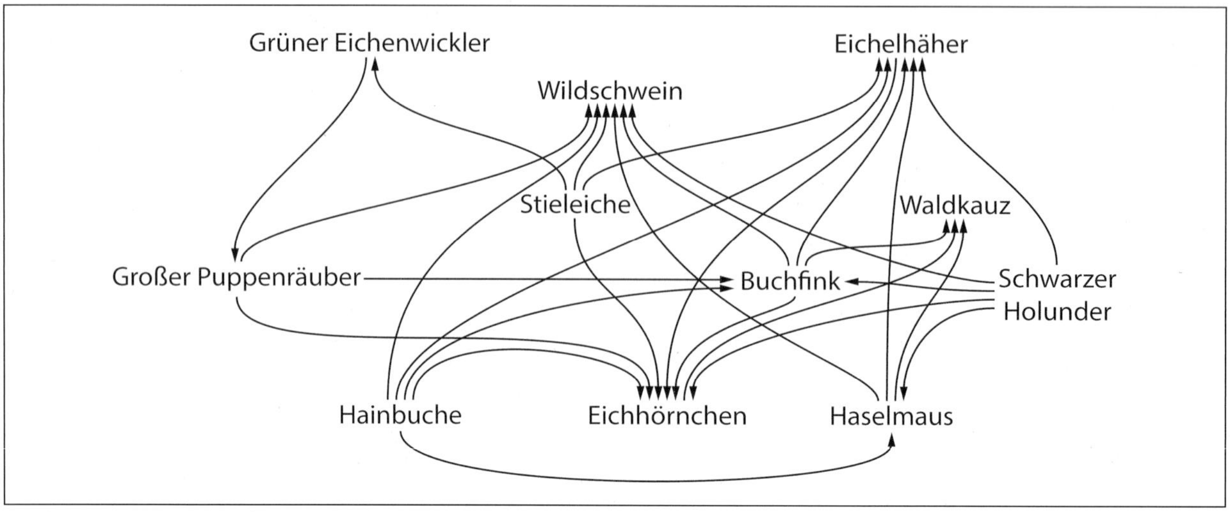

Cornelsen/Tom Menzel

Ein Beutetier des Buchfinks ist der Große Puppenräuber. Stirbt dieser aus, so gibt es weniger Buchfinken. Der Große Puppenräuber und die Eicheln der Stieleiche sind Nahrung für die Eichhörnchen. Somit wird auch die Anzahl der Eichhörnchen abnehmen, wenn ihnen diese Nahrung fehlt. Sowohl Buchfink als auch Eichhörnchen dienen dem Waldkauz als Nahrung. Durch die geringere Anzahl der Buchfinken und Eichhörnchen wird auch die Anzahl der Waldkäuze sinken.

Material B – Wechselwirkung im Wald

B1 Beschreibe, wie sich die Anzahl der Borkenkäfer und die Anzahl der Buntspechte gegenseitig regeln! Formuliere dazu „Je-desto"-Sätze!
Je mehr Borkenkäferlarven in einem Baum vorhanden sind, desto mehr Buntspechte überleben.
Je mehr Buntspechte die Borkenkäferlarven fressen, desto weniger Borkenkäfer gibt es.
Je weniger Borkenkäferlarven es gibt, desto weniger Buntspechte überleben.
Je weniger Buntspechte es gibt, desto mehr Borkenkäfer und Borkenkäferlarven gibt es.

2 Bedeutung des Waldes

Bedeutung und Gefährdung der Wälder

Seite 110–112

1 Erkläre, welche Bedeutung der Wald für dich und deine Familie und Freunde hat!
Die Schüler könnten zum Beispiel auf folgende Aspekte eingehen:
- Spaziergänge im Wald, da dort ein angenehmes Klima und Ruhe herrscht.
- Spielen im Wald, da es ungefährlich ist und es Spaß macht, sich in der Natur aufzuhalten.
- Nahrungsquelle, da man als Jäger Tiere jagen kann oder man kann Pilze oder Beeren sammeln.

Seite 113 (Material)

Material A – Entfernung von Totholz

A1 Erstelle ein Schema zur Wechselbeziehung Abendsegler und Buchenspinner und formuliere entsprechende Je-desto-Sätze!

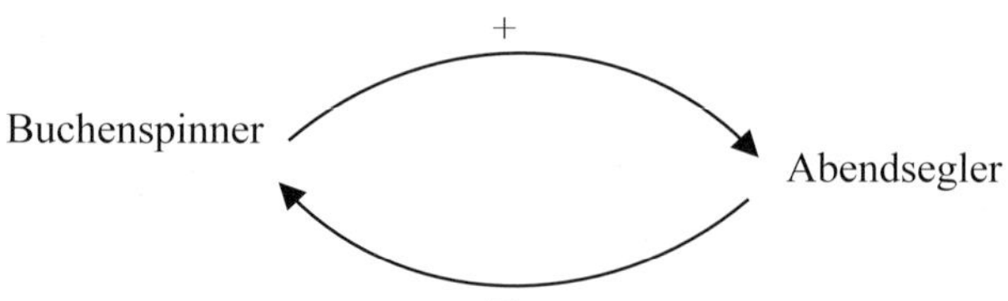

Je mehr Buchenspinner es gibt, desto mehr Abendsegler gibt es. (+)
Je mehr Abendsegler es gibt, desto weniger Buchenspinner gibt es. (−)
Je weniger Buchenspinner es gibt, desto weniger Abendsegler gibt es. (+)
Je weniger Abendsegler es gibt, desto mehr Buchenspinner gibt es. (−)

A2 Erkläre, wie es sich auf den Bestand von Abendseglern und Buchenspinnern auswirkt, wenn die alten morschen Bäume eines Waldes entfernt werden!

Die Abendsegler ernähren sich von fliegenden Insekten, wie zum Beispiel den Buchenspinnern. Der Abendsegler ist somit der Räuber und der Buchenspinner die Beute.

Die Abendsegler benötigen zur Aufzucht ihrer Jungtiere Baumhöhlen, die sie häufig in alten Bäumen finden. Wenn die alten morschen Bäume aus dem Wald entfernt werden, fehlen den Abendseglern die Baumhöhlen für die Aufzucht ihrer Jungtiere. Aus diesem Grund sinkt die Zahl der Abendsegler. Durch die geringere Anzahl von Abendseglern, also den Räubern, werden weniger Buchenspinner gefressen. Der Bestand an Buchenspinnern steigt an.

A3 Stelle eine begründete Vermutung auf, welche Auswirkungen die Entfernung von Totholz auf das gesamte Nahrungsnetz im Wald hat!

Durch die Entfernung von Totholz steigt die Zahl der Buchenspinner an (siehe A2). Die Raupen der Buchenspinner ernähren sich von Buchenblättern. Durch die hohe Anzahl an Buchenspinnern können viele Raupen schlüpfen und es werden sehr viele Buchenblätter gefressen, sodass großer Schaden an den Bäumen entstehen kann und die Nahrungsgrundlage für andere Pflanzenfresser zerstört wird.

Durch die hohe Anzahl an Buchenspinnern steht nicht nur dem Abendsegler, sondern auch anderen Tieren, die sich von fliegenden Insekten oder Raupen ernähren viel Nahrung zur Verfügung, sodass diese sich wiederum besser vermehren können.

Material B – Holz als erneuerbarer Energieträger

B1 Beschreibe die Abbildung A!

Bei der Verbrennung von Holz in kleinem Maßstab und bei der Verrottung von abgestorbener Biomasse entsteht Kohlenstoffdioxid. Die gleiche Menge an Kohlenstoffdioxid kann durch Pflanzen beziehungsweise die Fotosynthese wieder gebunden werden. Der Gehalt an Kohlenstoffdioxid in der Atmosphäre steigt nicht an.

B2 Obwohl Holz ein erneuerbarer Energieträger ist, ist die Verbrennung von Holz in großem Maßstab umstritten. Finde mögliche Gründe, die gegen die Verwendung Holz als Brennstoff sprechen!

Wenn Holz wie in Abbildung B in großem Maßstab verbrannt wird, entsteht mehr Kohlenstoffdioxid, als durch die verbliebenen Pflanzen durch die Fotosynthese gebunden werden kann. Aus diesem Grund steigt der Kohlenstoffdioxidgehalt in der Atmosphäre.

Der höhere Bedarf an Holz führt dazu, dass große Waldflächen abgeholzt werden und somit der Lebensraum vieler Tiere und Pflanzen zerstört wird.

B3 Stelle Vermutungen auf, wie sich der Kohlenstoffdioxidkreislauf verändern würde, wenn zusätzlich zu Holz auch fossile Brennstoffe verbrannt werden würden!

In fossilen Brennstoffen ist Kohlenstoffdioxid dauerhaft gebunden. Wenn fossile Brennstoffe verbrannt werden, wird das Kohlenstoffdioxid, das vor vielen Millionen Jahren von Pflanzen gebunden wurde, wieder frei. Auch bei der Verbrennung von Holz entsteht Kohlenstoffdioxid. Da mehr Kohlenstoffdioxid entsteht, als von lebenden Pflanzen gebunden werden kann, steigt der Kohlenstoffdioxidgehalt in der Atmosphäre an.

Pflanzliche und tierische Zellen

1 Lebewesen bestehen aus Zellen

Zellen – Grundbausteine des Lebens

Seite 118–120

1 Begründe die Bezeichnung der Zelle als Grundbaustein des Lebens!
Die Zelle wird als Grundbaustein des Lebens bezeichnet, weil alle Lebewesen – also Bakterien, Pilze sowie Pflanzen und Tiere, einschließlich des Menschen – aus Zellen aufgebaut sind.

2 Stelle in einem Säulendiagramm die Größenverhältnisse der Zellen in Abbildung 05 dar. Wähle dazu einen geeigneten Maßstab!
Säulendiagramm siehe unten

Seite 121 (Material)

Versuch A – Bau eines Einlinsenmikroskopes

A1 Beschreibe deine Beobachtungen!
Durch den Wassertropfen im Loch des Metallstreifens kann man die Zwiebelschuppenhaut, wie durch ein Mikroskop, vergrößert sehen.

A2 Erkläre, wie du das Bild scharf stellen kannst!
Das Bild des Einlinsenmikroskopes kann scharf gestellt werden, indem man den Metall-Lochstreifen vorsichtig nach oben bzw. unten verschiebt. Dabei ist darauf zu achten, dass der Wassertropfen am Metall-Lochstreifen nicht abfällt.

A3 Fertige eine Skizze der beobachteten Zwiebelschuppenhaut an!
Im Präparat der Zwiebelschuppenhaut erkennt man langgestreckte Zellen. Diese beinhalten: eine Zellwand, Grundplasma, eine Vakuole und einen Zellkern.

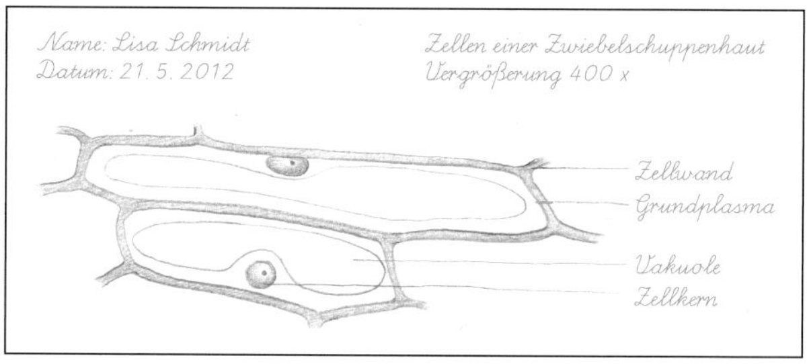

Cornelsen/ Detlef Seidensticker

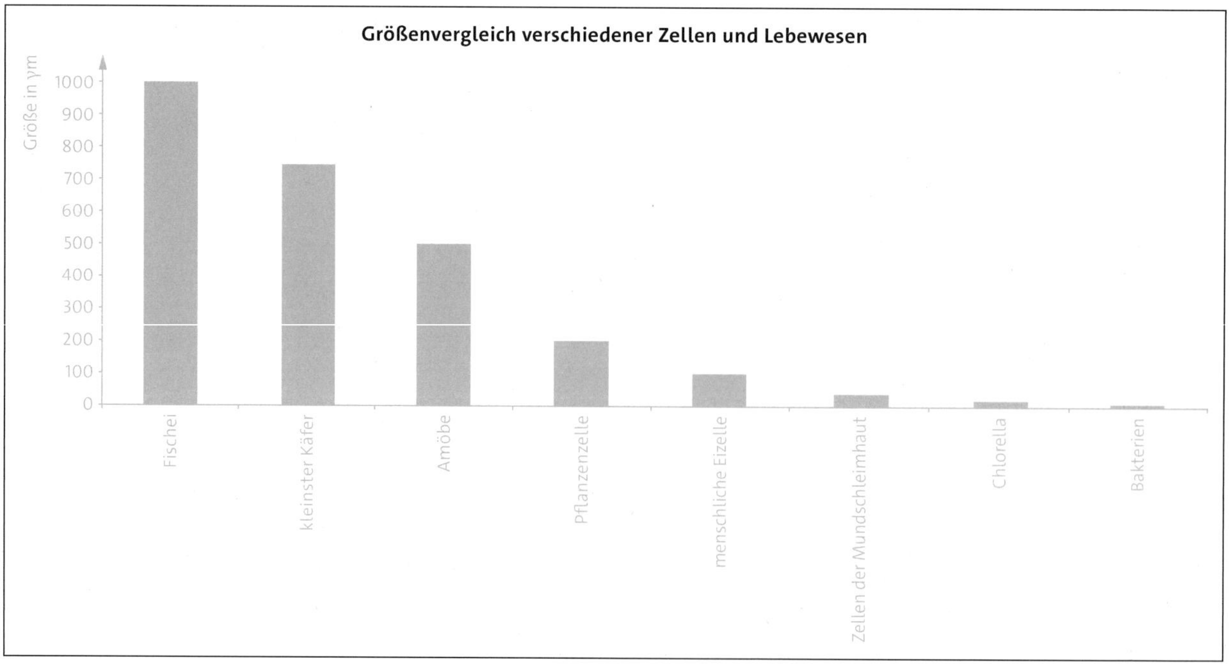

Cornelsen/newVision!GmbH, Bernhard A. Peter, Pattensen

A4 Vergleiche in tabellarischer Form den Bau deines „Einlinsenmikroskopes“ mit einem Lichtmikroskop!

	„Einlinsenmikroskop“	Lichtmikroskop
Gemeinsamkeiten	– Bild kann scharf gestellt werden – Auflicht	
Unterschiede	– kein Wechselobjektiv → nicht größenverstellbar – kein Durchlicht	– Wechselobjektiv vorhanden → Einstellung unterschiedlicher Vergrößerungen des Präparats möglich – Durchlicht

Versuch B – Untersuchung der Brennhaare einer Brennnessel

B1 Betrachte die Brennhaare unter dem Mikroskop!

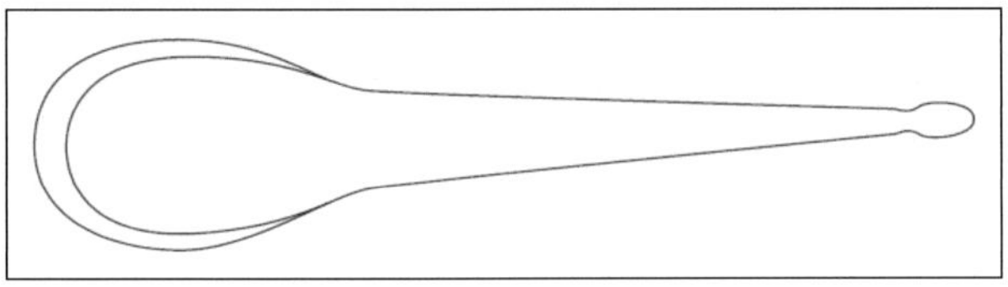

Cornelsen/newVision!GmbH, Bernhard A. Peter, Pattensen

B2 Beschreibe ein funktionsfähiges Brennhaar und eines mit abgebrochener Spitze!

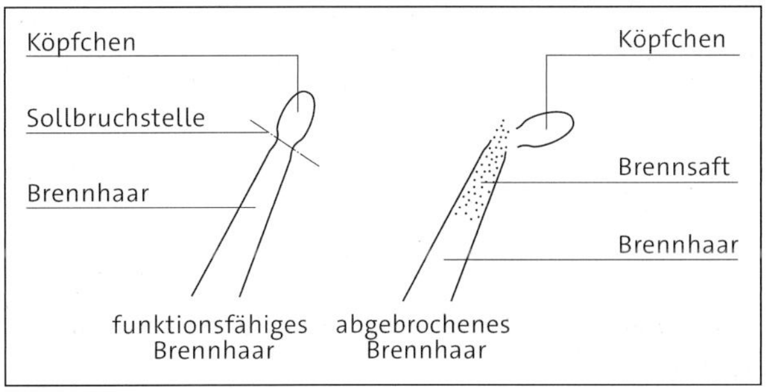

Cornelsen/newVision!GmbH, Bernhard A. Peter, Pattensen

B3 Stelle eine Vermutung über die Funktionsweise der Brennhaare der Brennnessel an!
Die Brennhaare der Brennnessel stellen einen Schutzmechanismus der Pflanze gegen Fressfeinde dar.

3 Pflanzen und Tiere sind aus Zellen aufgebaut

Pflanzen sind aus Zellen aufgebaut

Seite 124–125

1 Nenne die Funktionen der einzelnen pflanzlichen Zellbestandteile!
Chloroplasten: Ablauf der Fotosynthese mithilfe des Chlorophylls
Zellkern: Steuerung der Prozesse in einer Zelle
Zellwand: Stabilität der pflanzlichen Zellen
Vakuole: Erzeugung des Zellinnendrucks und Speicherung von Stoffen
Vakuolenmembran: Abgrenzung zwischen dem Vakuoleninhalt und dem Grundplasma
Grundplasma: Grundsubstanz, die die Zelle ausfüllt – Eibettung aller Zellbestandteile
Mitochondrien: Bereitstellung von Energie – „Kraftwerke der Zelle“
Zellmembran: Abgrenzung zwischen Zellbestandteilen sowie Stoffaustausch

Seite 126–127 (Material)

Material A – Jede Zelle ist anders

A1 Beschreibe die Unterschiede in der äußeren Form der gezeigten Zellen!
Alle Zellen in den Abbildungen 1 bis 4 haben eine mehr oder weniger rechteckige Form. Die kurzen Seiten bestehen teilweise aus einer geraden und meist schräg gestellten Zellwand oder aus zwei spitz zulaufenden Zellwänden.

A2 Suche in den Abbildungen 1 bis 4 nach den Zellkernen der gezeigten Zellen und beschreibe deren Lage!
In Abbildung 1 liegt der Zellkern dicht an der unteren Zellwand, in Abbildung 3 liegt er ebenfalls direkt an der oberen Zellwand. In Abbildung 2 ist der Zellkern weiter von der Zellwand entfernt; in Abbildung 4 ist kein Zellkern zu erkennen.

Material B – Ein Zellmodell bauen

B1 Notiere, aus welchen wesentlichen Bestandteilen eine pflanzliche Zelle aufgebaut ist!
Zellplasma, Zellmembran, Zellwand, Vakuole, Zellkern, Chloroplasten

B2 Suche geeignete Materialien aus, um die wesentlichen Bestandteile einer pflanzlichen Zelle modellhaft darzustellen! Lege eine entsprechende Tabelle an (linke Spalte: Modellteile; rechte Spalte: Zellbestandteile)!

Modellteile	Zellbestandteile
Tischtennisball	Zellkern
Plastikbox	Zellwand
Plastikbeutel	Vakuole
…	…

B3 Füge die ausgewählten Teile zu einem Modell zusammen, sodass die Grundstruktur der Zelle deutlich wird!
Hier ergeben sich unterschiedliche, schülerindividuelle Umsetzungsvarianten.

B4 Vergleiche nun das entwickelte Modell mit Originalaufnahmen pflanzlicher Zellen! Erläutere, welche Eigenschaften pflanzlicher Zellen durch das Modell deutlich werden und welche nicht!
Je nach Umsetzung ergeben sich hier unterschiedliche Aspekte.
Zum Beispiel: Das Modell verdeutlicht gut die Lage der einzelnen Zellbestandteile zueinander und die Größenverhältnisse. Der Zellkern ist im Original jedoch abgeflacht und im Modell kugelförmig; die Form des Modells ist genau rechteckig, während die Winkel zwischen den Zellwänden keinen 90-Grad-Winkel bilden.

Material C – Die Ebenen einer Pflanzenzelle

C1 Nenne zu den Ziffern 1 bis 4 in Foto B die entsprechenden Fachbegriffe!
1 = Zellkern, **2** = Vakuole,
3 = Zellwand, **4** = Chloroplasten

C2 Die Zeichnungen 1 bis 3 gehören jeweils zu einem der Fotos A bis C und zeigen die jeweils scharf erkennbaren Strukturen. Ordne die Zeichnungen entsprechend zu und begründe deine Zuordnungen!
Zeichnung 1 entspricht Foto B, Zeichnung 2 entspricht Foto C und Zeichnung 3 entspricht Foto A.

Material D – Eine Pflanze hat unterschiedliche Zellen

D1 Vergleiche die Struktur der in den Abbildungen A bis C gezeigten Zellen! Beziehe dich hierbei vor allem auf die erkennbare Ausbildung der Zellbestandteile!
Während die Zellen in Abbildung A viele Chloroplasten enthalten und eine relativ dünne Zellwand haben, weisen die Zellen in Abbildung B stark verdickte Zellwände auf; weitere Bestandteile im Zellinneren sind nicht erkennbar. Die Zellen in Abbildung C haben wiederum sehr dünne Zellwände, eine unregelmäßige Form und enthalten mehrere große Stärkekörner.

D2 Deute die Struktur der Zelltypen A bis C im Hinblick auf deren Funktion und nenne entsprechende Teile der Kartoffelpflanze, in denen diese Zellen vorkommen könnten!
Die Zellen in Abbildung A sind aufgrund der Chloroplasten für die Fotosynthese zuständig und kommen wahrscheinlich in den grünen Blättern vor. Die Zellen in Abbildung B haben aufgrund der verdickten Zellwände eine höhere Festigkeit und stützen vielleicht den Stängel der Kartoffelpflanze. Die Zellen in Abbildung C dienen mit den großen Stärkekörnern vielleicht als Stärkespeicher und kommen wahrscheinlich in den stärkehaltigen Kartoffelknollen vor.

Seite 128–129 (Methode)

Herstellung eines mikroskopischen Präparats von Pflanzenzellen

1 Führe die Präparation durch! Mikroskopiere das Präparat und zeichne zwei Zellen!

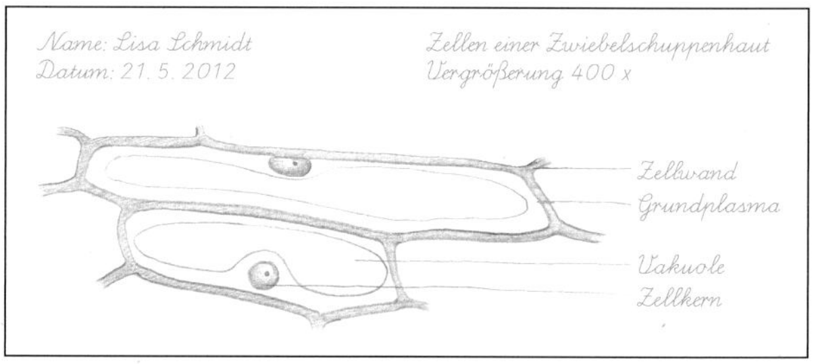

Cornelsen/ Detlef Seidensticker

Zusatzinformation: In der Regel sind Hinweise darauf notwendig, dass Luftblasen im mikroskopischen Bild als Bereiche auftreten, die mit scharfen dunklen Linien eingefasst sind. Die Zellkerne liegen häufig in der Nähe der Zellwand. Sie sind besser erkennbar, wenn man stärker abblendet.

Bau der Tierzelle

Seite 130

1 Vergleiche den Bau einer Pflanzen- und einer Tierzelle miteinander!
In den meisten Fällen ist die Pflanzenzelle größer als die Tierzelle. Sowohl Pflanzen- als auch Tierzellen sind von einer Zellmembran eingehüllt. Bei der Pflanzenzelle liegt darüber aber zusätzlich noch die stabile Zellwand. Die Pflanzen- und auch die Tierzelle bestehen aus Zellplasma. Bei einer ausgewachsenen Pflanzenzelle ist das Zellplasma jedoch meistens auf den Randbereich, unmittelbar unter der Zellmembran begrenzt. Den größten Raum nimmt die Vakuole ein. Sie fehlt bei der Tierzelle. Eine Tierzelle enthält ebenso wie eine Pflanzenzelle immer

Mitochondrien und einen Zellkern. Chloroplasten und Chromoplasten kommen nur in Zellen von Pflanzen vor.
Zusatzinformation: Nicht berücksichtigt sind besonders gebaute Zellen, wie zum Beispiel rote Blutzellen oder Muskelzellen.

Seite 131 (Material)

Material A – Vergleich von Tier- und Pflanzenzellen

A1 Nenne die Fachbezeichnungen für die mit Zahlen gekennzeichneten Bereiche!
1 = Zellplasma, **2** = Vakuole,
3 = Chloroplast, **4** = Zellwand (mit Zellmembran),
5 = Zellmembran, **6** = Zellkern

Gestufte Hilfe:
Fachbegriffe in ungeordneter Reihenfolge vorgeben.

A2 Ordne die mikroskopischen Aufnahmen von Zellen folgenden Bildunterschriften zu: „Zellen aus dem Blatt der Wasserpest“ oder „Zellen aus der Leber einer Maus“! Begründe deine Zuordnung!
Die Abbildung A zeigt Zellen eines Blattes, die Abbildung B Zellen der Leber. In der Abbildung A sind typische Merkmale von Pflanzenzellen zu sehen, vor allem die Zellwand, die Chloroplasten und die Vakuole. Den Zellen in der Abbildung B fehlen diese charakteristischen Merkmale der Pflanzenzelle.

Gestufte Hilfe:
Zuordnung vorgeben.

A3 Vergleiche in Form einer Tabelle die beiden Zelltypen! Berücksichtige darin die in den Abbildungen erkennbaren Zellbestandteile!

	Leberzelle	Blattzelle
Zellkern	+	+
Zellplasma	+	+
Zellwand		+
Blattgrünkorn		+
Vakuole		+
(Zellmembran)	+	+

+ = vorhanden – = nicht vorhanden

Zusatzinformation: Die Zellmembran ist in der Abbildung nicht erkennbar, jedoch als Grenze des Zellplasmas erschließbar.

Gestufte Hilfen:
Hilfe 1: Vorgabe des Tabellenrasters.
Hilfe 2: Vorgabe der Bezeichnungen für die Zellorganellen.

A4 Nenne Bestandteile der Zellen, die in den Abbildungen nicht zu erkennen sind!
Nicht erkennbar in den Abbildungen sind die Mitochondrien. Die Membranen sind ebenfalls nicht sichtbar.
Zusatzinformation: Die Lage der Zellmembran lässt sich aus der Grenze des Zellplasmas erschließen; ebenso die Membranen, die den Zellkern und die Chloroplasten umhüllen.

A5 Erläutere, woher die beiden Zelltypen ihre Nährstoffe erhalten! Nenne den Ort in den Zellen, an dem die Energie der Nährstoffe freigesetzt wird!
Die Zellen der Wasserpest enthalten Chloroplasten, in denen durch die Fotosynthese energiereiche Nährstoffe aufgebaut werden. Die Leberzellen der Maus müssen Nährstoffe aus der Umgebung der Zellen aufnehmen. Die Freisetzung der, in den Nährstoffen enthaltenen, Energie findet bei beiden Zelltypen in den Mitochondrien statt.

Material B – Zuordnung von Tier- und Pflanzenzellen

B1 Ordne jede Abbildung entweder den Pflanzen oder den Tieren zu! Begründe jede Zuordnung!
Zu den Pflanzen gehören die Abbildungen A, C, D, F, I. Zu den Tieren gehören die Abbildungen B, E, G, H. Entscheidend für die Zuordnung der Abbildungen sind folgende Merkmale:
A Zellwand vorhanden
B keine Zellwand, keine Vakuole, keine Chloroplasten vorhanden
C Zellwand, Vakuole und Chloroplasten vorhanden
D Zellwand, Vakuole und Chloroplasten vorhanden
E keine Zellwand, keine Vakuole, keine Chloroplasten vorhanden
F Zellwand und Vakuole vorhanden
G keine Zellwand, keine Vakuole, keine Chloroplasten vorhanden
H keine Zellwand, keine Vakuole, keine Chloroplasten vorhanden
I Zellwand und ein Chloroplast vorhanden
Zusatzinformation: Die bei I dargestellte Zelle hat nur ein Chloroplast, allerdings ein sehr großes.

Gestufte Hilfe:
Zuordnungen vorgeben.

B2 Die Abbildung A stellt eine tote Zelle dar. Nimm Stellung zu dieser Aussage!
In der Zelle ist kein Zellplasma vorhanden. Diese Aussage ist daher richtig, denn die Lebensvorgänge können nur im Zellplasma ablaufen.

B3 Nenne die Zellen, die vermutlich selbst keinen Zucker herstellen können! Begründe!
Zellen, die keine Chloroplasten enthalten, können keine Fotosynthese betreiben und daher auch keinen Zucker herstellen. Das sind alle Zellen, die von Tieren stammen (B, E, G, H) und die Pflanzenzellen A und F. Von den in Abbildung C dargestellten Zellen sind nur die kleinen, bohnenförmigen Zellen in der Lage, Fotosynthese zu betreiben.

Zusatzinformation: Bei den kleinen, bohnenförmigen Zellen in Abbildung C handelt es sich um Schließzellen einer Spaltöffnung.

Gestufte Hilfe:
Überlege zunächst, in welchen Bestandteilen der Zellen Nährstoffe hergestellt werden können.

4 Lebewesen ernähren sich

Pflanzen und Tiere ernähren sich

Seite 132–133

1 Definiere die Begriffe autotroph und heterotroph!
Autotroph ernähren sich Lebewesen, wenn sie aus körperfremden, energiearmen, anorganischen Stoffen körpereigene, energiereiche, organische Stoffe unter Nutzung von Lichtenergie erzeugen.
Heterotroph ernähren sich Lebewesen, wenn sie aus körperfremden, energiereichen, organischen Stoffen körpereigene, energiereiche, organische Stoffe unter Nutzung der chemischen Energie dieser Stoffe erzeugen.

Wahlpflichtbereiche

1 Spinnentiere

Spinnen

Seite 138–140

1 Beschreibe mithilfe der Abbildung 02 den Netzbau der Kreuzspinne!

Zunächst spinnt die Kreuzspinne einen Faden, dessen Ende vom Wind getragen irgendwo festklebt. Dann spinnt sie von der Mitte dieser Seilbrücke ausgehend einen Faden nach unten. Zur Stabilisierung werden weitere Rahmen- und Speichenfäden gesponnen, bis das Grundgerüst fertig ist (schwarze Fäden).

Von der Mitte des Netzes aus spinnt die Kreuzspinne trockene Hilfsfäden spiralförmig nach außen, bis sie an einem Rahmenfaden angekommen ist (blaue Fäden).

Abschließend spinnt sie die klebrigen Fangfäden spiralförmig von außen nach innen (rote Fäden) und frisst dabei die Hilfsfäden wieder auf.

Die männliche Kreuzspinne spinnt zuletzt von der Mitte des Netzes ausgehend einen Signalfaden und lauert nicht in der Warte, sondern am Rande des Netzes.

Zusatzinformationen: Zumeist besteigt die Kreuzspinne vor dem Beginn des Netzbaues einen leicht erhöhten Gegenstand und klebt dort mithilfe der Spinnwarzen das Ende des Fadens fest. Alternativ zur Seilbrücke lässt sie sich auf den Boden oder einen Gegenstand herab, indem sie diesen Faden verlängert. Dann benutzt sie ihn als Kletterseil und spinnt während des Hinaufkletterns einen zweiten Faden. Oben angelangt bewegt sie sich zur Seite und befestigt den Faden im deutlichen Abstand zum Ausgangspunkt, womit das dreieckige (oder auch trapezförmige) Grundgerüst angelegt ist.

2 Erläutere, wie sich Spinnen vor Beutegreifern schützen!

Spinnen sind durch ihr Verhalten oder ihr Aussehen auf unterschiedliche Weise vor Beutegreifern geschützt. Sie können sich zum Beispiel in Erdhöhlen zurückziehen, sodass der Beutegreifer sie nicht fressen kann. Oder das Aussehen der Spinne signalisiert dem Beutegreifer, dass sie gefährlich ist. Dies bezeichnet man als Warntracht. Teilweise verschmelzen die Tiere durch ihre Färbung mit dem Untergrund. Dies nennt man Tarntracht.

Seite 141 (Material)

Material A – Spinnen und Insekten

A1 Vergleiche den Körperbau von Spinnen und Insekten! Nimm die Abbildungen A und B sowie den Text auf Seite 139 zu Hilfe!

siehe Tabelle unten

A2 Erläutere anhand des Körperbaues der Spinnen das Erschließungsfeld Angepasstheit!

Am Körperbau der Spinnen wird die Angepasstheit an eine besondere Lebensweise sichtbar. Spinnen besitzen Spinnwarzen und Spinndrüsen, sodass sie Spinnfäden produzieren können, die sie für den Beutefang nutzen oder mit denen sie ihre Eier in einen Kokon einwickeln. Mit ihren Krallen können sie sich sicher in ihrem eigenen Netz fortbewegen. Die Mundwerkzeuge stellen eine weitere Angepasstheit der Spinnen dar, da sie mit diesen Beute ergreifen, festhalten und schließlich töten können, um sie dann auszusaugen.

Material B – Warn- und Tarntracht

B1 Erkläre die biologische Funktion dieser Nachahmung!

Diese Form der Nachahmung hat zwei Vorteile für die Spinne: Einerseits ist die Spinne vor den Ameisen als „eine von ihnen“ getarnt und kann diese deshalb ungehindert angreifen und als Beute fressen. Andererseits ist die Spinne so selber vor Beutegreifern wie zum Beispiel Vögeln geschützt, da sie in einer großen Ansammlung von Ameisen vom Vogel nur schwer erkannt und herausgepickt werden kann. Außerdem werden Ameisen grundsätzlich nur von wenigen Beutegreifern gefressen, im Gegensatz zu Spinnen.

Gemeinsamkeiten	Unterschiede	
die Körper sind gegliedert die Laufbeine sind gegliedert sie haben ein Außenskelett aus Chitin. → Spinnen und Insekten fasst man zu Gliederfüßern zusammen.	**Spinnen** Gliederung in Kopf-Brust-Stück und Hinterleib Mundwerkzeuge: Kiefertaster, Giftklaue, Kieferzangen keine Antennen Punktaugen besondere Merkmale: Spinnwarzen am Hinterleib, Krallen an den Füßen.	**Insekten** Gliederung in Kopf, Brust und Hinterleib Mundwerkzeuge: Mandibeln Antennen Komplexaugen

Material C – Spinnen in unterschiedlichen Lebensräumen

C1 Beschreibe die Entwicklung der Artengruppen auf den beiden Versuchsflächen!
Die Tabelle zeigt die Ergebnisse der Auszählung der eingefangenen Spinnenarten im frisch aufgeforsteten und im naturbelassenen Wald, jeweils nach einem und nach zehn Jahren. Dabei wurden die eingefangenen Spinnen zu verschiedenen Artengruppen (zum Beispiel Waldarten) zusammengefasst.
Die Lebensräume „frisch aufgeforsteter Wald" und „naturbelassener Wald" unterscheiden sich bezüglich der dort eingefangenen Spinnenarten. Während im frisch aufgeforsteten Wald die weitverbreiteten Arten sowohl nach einem Jahr als auch nach zehn Jahren den höchsten Anteil haben, sind das im naturbelassenen Wald die Waldarten. Im frisch aufgeforsteten Wald zeigen sich vom 1. zum 10. Jahr deutliche Veränderungen in der Anzahl der eingefangenen Spinnenarten. Im naturbelassenen Wald sind diese Veränderungen sehr gering. Im frisch aufgeforsteten Wald sind die Zunahme der Waldarten und die Abnahme der Offenlandarten zu verzeichnen.

C2 Deute die Ergebnisse, indem du die Angepasstheit der jeweiligen Artengruppen an den Lebensraum in deine Überlegungen einbeziehst!
Der frisch aufgeforstete Wald zeigt andere Umweltbedingungen als der naturbelassene Wald. Zum Beispiel ist der Bewuchs im naturbelassenen Wald viel dichter und auch anders, da sich in ihm viele ältere oder auch abgestorbene Bäume und andere Pflanzen befinden werden. Insgesamt gibt es hier weniger Einflüsse durch die Nutzung vom Menschen. Dementsprechend siedeln sich auch verschiedene Spinnenarten in diesen beiden Lebensräumen an, da jede Spinnenart an andere Umweltbedingungen angepasst ist. Im frisch aufgeforsteten Wald finden sich zu Beginn eher weitverbreitete Arten, die überall vorkommen können, und Offenlandarten, da der Wald neu aufgeforstet wurde. Erst nach einer gewissen Zeit können sich hier auch die typischen Waldarten ansiedeln und vermehren, da sich durch zum Beispiel den zunehmenden Bewuchs die Umweltbedingungen geändert haben.
Im naturbelassenen Wald gibt es nur geringfügige Veränderungen der Umwelt, sodass sich auch die Anzahlen der eingefangenen Spinnenarten nur wenig unterscheiden. Hier finden sich vor allem Waldarten, die an ein Leben im Wald am besten angepasst sind.

Gestufte Hilfen:
Hilfe 1: Bedenke, dass sich die beiden Lebensräume zum Beispiel im Pflanzenbewuchs unterscheiden.
Hilfe 2: Erkläre die Ergebnisse vor und nach dem Aufforsten. Vergleiche dabei mit dem naturbelassenen Wald.

2 Weichtiere

Schnecken

Seite 142–144

1 Gib an, welche Körperbereiche sich innerhalb der Schale und welche sich außerhalb der Schale befinden!
Wenn sich die Schnecke mithilfe des Rückziehmuskels in die Schale zurückzieht, verschwinden alle Körperabschnitte innerhalb der Schale. Ist die Schnecke aktiv und frisst, orientiert oder bewegt sich, befinden sich der Fuß und der Kopf außerhalb der Schale. Der Mantel und der Eingeweidesack befinden sich immer innerhalb der Schale.

2 Nenne die Sinnesorgane der Schnecke und ihre Aufgaben!
Die Schnecke tastet und schmeckt über die kurzen Fühler. Sie sieht mit den Augen auf den langen Fühlern. Außerdem nimmt sie über Sinneszellen in der Haut zum Beispiel Berührungen wahr.
Zusatzinformation: Schnecken unterscheiden mit den Augen Hell-Dunkel-Konturen.

3 Begründe, weshalb die Schnecke erst bei Regen, in der Dämmerung und nachts auf Nahrungssuche geht!
Die Schnecke geht erst bei Regen, in der Dämmerung und nachts auf Nahrungssuche, weil sie ein Feuchtlufttier ist. Landschnecken müssen Wasserverlust vermeiden. Nachts, in der Dämmerung sowie bei Regen ist der Boden und die Luft kühler und feuchter als tagsüber und im Sonnenschein.
(Der von der Fußschleimdrüse gebildete Schleim besteht zum großen Teil aus Wasser. Während der Nahrungssuche sind zwei weiche Körperabschnitte – Fuß und Kopf – unmittelbar möglicher Trockenheit ausgesetzt. Die Schleimproduktion und die mögliche Atmung über die schleimige Haut setzen eine hohe Luftfeuchtigkeit – wie bei Regen oder in der Nacht – voraus.)

Seite 145 (Material)

Material A – Fortbewegung der Schnecken

A1 Beschreibe die Fußsohle der kriechenden Schnecke auf einer Glasplatte!

Die Fußsohle ist abgeplattet. Man erkennt auf der Fußsohle quer zur Fortbewegungsrichtung verlaufende, dunkle, schmale Streifen, dazwischen breitere, helle Querstreifen und einen hellen Rand der Fußsohle.
Zusatzinformation: Dort, wo die Fußsohle durch eine wellenartige Muskelbewegung von der Glasplatte abgehoben ist, erscheint sie dunkler als in den Bereichen, wo sie Kontakt zur Glasplatte hat (helle Querstreifen und heller Saum).

A2 Erkläre mithilfe eines Papierstreifens die Fortbewegung einer Schnecke!
Der Papierstreifen soll die Kriechsohle einer Schnecke darstellen.
Die Schnecke hebt das Hinterende der Kriechsohle leicht an, zieht es ein kleines Stück zusammen und setzt das Ende der Kriechsohle etwas weiter vorne wieder auf. Die entstehende Wellenbewegung setzt sich von hinten nach vorn fort und bewegt die Schnecke ein kleines Stück nach vorn.

A3 Erläutere, was durch den Modellversuch mit dem Papierstreifen nicht erklärt wird!
Der Modellversuch erklärt nicht, dass mehrere wellenartige Muskelbewegungen, die gleichzeitig über die Kriechsohle von hinten nach vorne verlaufen, für die gleichmäßige Fortbewegung verantwortlich sind. Er erklärt ebenfalls nicht, wodurch die Wellenbewegungen zustande kommen, nämlich durch Muskeln.
Zusatzinformation: Durch den dauerhaften Kontakt des Saums mit dem Untergrund entsteht zwischen Untergrund und Fußsohle ein Unterdruck. Dieser Unterdruck ist durch den Modellversuch ebenfalls nicht erklärbar. Er unterstützt die Fortbewegung auf dem Untergrund.

Material B – Schnecke beim Fressen

B1 Ordne den Zahlen die entsprechenden Fachbegriffe zu!
1 Radula, **2** knorpelige Zunge, **3** Mund, **4** knorpeliger Oberkiefer, **5** Muskeln zum Vor- und Zurückziehen der Zunge, **6** Schlund

B2 Beschreibe die unterschiedlichen Vorgänge in den Abbildungen A und B!
In Abbildung A liegt die Zunge mit der Radula in der Mundhöhle. Die Schnecke bewegt sich auf einem Blatt.
In Abbildung B hat die Schnecke die Zunge aus dem Mund herausgestreckt und presst sie auf das Blatt. Die Chitinzähnchen der Radula raspeln Pflanzenteilchen von der Blattoberfläche ab und transportieren sie in den Mund zum Schlund.
Zusatzinformation: Im Gegensatz zum Schaufelradbagger bewegt sich die Radula nur so lange Richtung Schlund, bis die Zunge mithilfe von Muskeln die gesamte Radula über das Blatt gezogen hat. Dann muss die Radula mittels anderer Muskeln in den Ausgangszustand gebracht werden und der Vorgang beginnt von Neuem.

Material C – Weitere Schneckenarten

C1 Informiere dich in Lexika, Tierbüchern oder im Internet über den jeweiligen Lebensraum der abgebildeten Schnecken!
- ***Garten-Bänderschnecke:*** lebt an Büschen, Hecken und krautigen Pflanzen und ist oft in Gärten und Parks zu finden
- ***Rote Wegschnecke (Arion rufus):*** lebt in Gärten, an frischen Pflanzen und Früchten,
- ***Chromodoris kuniei:*** lebt im Meer und ist vom Pazifik bis in den Indischen Ozean anzutreffen,
- ***Wellhornschnecke (Buccinum undatum):*** lebt an der Küste des Nordatlantiks, der Nordsee und der westlichen Ostsee in 5 bis 200 Metern Tiefe auf unterschiedlichen Böden

Zusatzinformation: Leere Schalen der Wellhornschnecke werden häufig von Einsiedlerkrebsen als Behausung verwendet.

C2 Ordne die Schnecken der Gruppe der Lungenschnecken oder der Kiemenschnecken zu! Begründe deine Zuordnung!
- ***Garten-Bänderschnecke:*** lebt an Land und gehört daher zu den Lungenschnecken,
- ***Rote Wegschnecke:*** lebt an Land und gehört daher zu den Lungenschnecken,
- ***Chromodoris kuniei:*** lebt im Salzwasser und gehört daher zu den Kiemenschnecken,
- ***Wellhornschnecke:*** lebt im Salzwasser und gehört daher zu den Kiemenschnecken

Zusatzinformation: Neben der großen Zahl an Kiemenschnecken in Salz- und Süßgewässern gibt es in heimischen Gewässern mehrere Arten von Wasserlungenschnecken, z. B. die Spitzschlammschnecke (Lymnaea stagnalis) oder die Posthornschnecke (Planorbarius corneus), die ihren Luftvorrat immer wieder an der Wasseroberfläche erneuern müssen.

C3 Nenne weitere Tiere, die über Kiemen atmen!
Außer den Kiemenschnecken, die im Wasser leben, atmen Fische und Kaulquappen sowie Krebse und Insektenlarven über Kiemen.

Kopffüßer und Muscheln

Seite 146–148

1 Beschreibe die Vorgänge während der drei Phasen beim Rückstoßschwimmen mithilfe der Abbildung 03!

A Der Tintenfisch schwimmt langsam vorwärts. Er lässt zur Atmung über den Schlitz Wasser in die Atemhöhle und lässt über den Trichter Wasser aus der Atemhöhle nach außen.
B Der Tintenfisch lässt über den Schlitz viel Wasser in die Atemhöhle und verschließt dann den Schlitz.
C Der Tintenfisch zieht die Atemhöhle kräftig zusammen und presst durch den vorderen Trichter das Wasser nach außen. Dadurch wird er zurückgestoßen und schwimmt blitzschnell rückwärts durch das Wasser.

2 Vergleiche die Fortbewegungsweisen des Tintenfisches mit den Fortbewegungsweisen des Flusskrebses!
Der Tintenfisch kann mit wellenartigen Bewegungen der saumförmigen Flossen langsam vorwärts- (und seitwärts-) schwimmen.
Der Flusskrebs kann sich mit seinen vier hinteren Laufbeinpaaren vorwärts, rückwärts und seitwärts bewegen. So erreicht er jede beliebige Stelle.
Außerdem kann der Tintenfisch sehr schnell nach hinten schwimmen, wobei er die Atemhöhle zusammenpresst und durch einen Rückstoß seinen Körper katapultartig nach hinten befördert.
Auch der Flusskrebs kann schnell nach hinten schwimmen, wobei er den Hinterleib mit dem Schwanzfächer am letzten Segment kräftig einklappt und einen Rückstoß erzeugt.

3 Vergleiche die Fortbewegung der Muscheln mit der der Schnecken!
Die Muscheln strecken ihren Fuß aus der Schale. Der Fuß verdickt sich und drückt Bodenmaterial beiseite, weil die Muschel ihren Fuß mit Blut füllt. Dann ziehen sich die Muskeln im Fuß zusammen und ziehen den restlichen Körper nach. Durch Wiederholung dieser Vorgänge bewegen sich Muscheln fort.
Die Schnecken strecken ihren Fuß aus der Schale, indem sie ihn mit Blut füllen. Sie kriechen mit ihrem ausgestreckten Fuß mit Kriechsohle über einen Teppich aus Schleim, den sie selbst mit der Schleimdrüse produzieren. Über die abgeplattete Kriechsohle verlaufen von hinten nach vorne gleichzeitig mehrere wellenartige Muskelbewegungen. Jede dieser Muskelbewegungen schiebt die Schnecken ein Stück weiter voran.
Beide Tiere nutzen den Fuß zur Fortbewegung, können ihn verdicken, indem sie ihn mit Blut füllen, und können ihn mithilfe von Muskeln in die Schale zurückziehen.
Schnecken besitzen außerdem einen Fuß mit einer Kriechsohle und einen Schleimteppich, auf dem sie sich fortbewegen.

Seite 149 (Material)

Material A – Saugnäpfe beim Tintenfisch

A1 Beschreibe die Anordnung der Saugnäpfe auf den Kopffüßen des Tintenfisches!
Die Saugnäpfe sitzen in zwei Reihen auf der Innenseite der Kopffüße. Zur Spitze der Kopffüße hin werden die Saugnäpfe immer kleiner.
(Die Fangarme oder Tentakel tragen nur an den keulenartig verdickten Enden Saugnäpfe.)

A2 Beschreibe die Beutefangstrategie des Tintenfisches und das Festsaugen der Saugnäpfe!
Der Tintenfisch ist ein Lauerjäger. Ist seine Beute nahe genug, schießt er die Fangarme aus den Taschen und ergreift sie mit den Saugnäpfen der Keulen. Die anderen Kopffüße unterstützen den Beutefang, indem der Tintenfisch die Saugnäpfe, die sich in großer Anzahl auf der Innenseite der Kopffüße befinden, auf den Körper des Beutetiers drückt. Hierbei wird der Chitinring und das Saugpolster der Saugnäpfe auf das Beutetier gedrückt. Indem Muskeln das Saugpolster nach oben ziehen, saugen sich die Saugnäpfe fest und der Chitinring wird in das Beutetier hineingedrückt. Dann führen die Kopffüße die Beute zum Mund.

A3 Nenne Gummisaugnäpfe aus dem Alltag, bei denen das gleiche Prinzip Anwendung findet!
zum Beispiel Saugnäpfe von Badematten, der Saugnapf an der Halterung für Navigationsgeräte oder andere Gegenstände, der Saugnapf an Spielzeugpfeilen

Material B – Weichtiere im Vergleich

B1 Benenne die Gruppen der Weichtiere in der Abbildung!
A: (Gehäuse-)Schnecke
B: Tintenfisch
C: Muschel

B2 Ordne den Zahlen die entsprechenden Fachbegriffe zu!
1 Schale (Schulp), **2** Mantel, **3** Fuß, **4** Kieme (Lunge), **5** Atemhöhle

B3 Vergleiche die Atmung und die Ernährung der dargestellten Tiergruppen!
Die Lungenschnecken atmen mit einer Lunge, die in der Atemhöhle liegt. Hierzu schließen und öffnen sie abwechselnd das Atemloch. Außerdem können sie zusätzlich über die schleimige Haut atmen. Die Kiemenschnecken atmen stattdessen mit einer Kieme, die aber ebenfalls in der Atemhöhle liegt.
Die Tintenfische atmen (genauso wie die Kiemenschnecken) mit Kiemen, die in der Atemhöhle liegen. Die Atem-

höhle besitzt aber zwei Öffnungen: einen Schlitz, durch den sauerstoffreiches Wasser in die Atemhöhle und zu den Kiemen gelangt, und einen Trichter, durch den kohlenstoffdioxidreiches Wasser nach außen ausgestoßen wird.
Auch die Muscheln besitzen eine Atemhöhle, in der sich paarige Kiemen befinden. Die Atemhöhle besitzt wie bei den Tintenfischen zwei Öffnungen: Durch die Einströmöffnung gelangt sauerstoffreiches Wasser in die Atemhöhle und durch die Ausströmöffnung wird kohlenstoffdioxidreiches Wasser nach außen abgegeben. Muscheln erzeugen hierzu durch Millionen kleinster Wimperhärchen auf der Mantel- und der Kiemenoberfläche einen Wasserstrom.
Im Unterschied zu Schnecken und Tintenfischen dient dieser Wasserstrom außerdem der Ernährung, denn die Kiemen filtrieren aus dem Wasser Kleinstlebewesen sowie Pflanzen- und Tierteilchen.
Schnecken ernähren sich von Pflanzenteilchen (oder totem organischem Material), indem sie mithilfe der Radula Nahrungsteilchen abraspeln und in den Schlund befördern. Die Radula zerkleinert die Nahrung.
Tintenfische ernähren sich von Krebsen, Weichtieren und Fischen. Das gefangene Beutetier wird mithilfe der Fangarme und Kopffüße zum Mund befördert. Tintenfische besitzen wie die Schnecken hornartige Kiefern und eine Radula, mit denen sie die Nahrung zerkleinern.

B4 Begründe die Zugehörigkeit der drei Tiergruppen zu den Weichtieren!
Der Schneckenkörper, der Tintenfischkörper und der Muschelkörper bestehen aus einem Kopf, einem Fuß und einem Eingeweidesack, der von einem Mantel umgeben ist. Diese Körperteile sind weich und besitzen kein Skelett. (Die Tiere besitzen meistens eine Schale – oder Reste davon –, die dem Schutz oder der Stabilität des Körpers dient.) Aufgrund dieser Gemeinsamkeiten werden diese Tiere zu den Weichtieren gezählt.

3 Pflanzen helfen heilen

Heilpflanzen

Seite 150–152

1 Informiere dich über Klostergärten in Sachsen!
Die bekanntesten Klöster sind:
- Kloster Buch, Leisnig bei Döbeln, Mittelsachsen
- Kloster St. Marienthal, Ostritz, Oberlausitz
- Kloster Altzella bei Nossen, Mittelsachsen
- Schlosspark Wechselburg, Mittelsachsen
- Kloster St. Marienstern (Ernährungs-und Kräuterzentrum Panschwitz-Kuckau), Lausitz

Was findet man dort: ein umweltgerechter Gartenanbau von regionaltypischen Obst-, Gemüse- und Kräuterarten in ihrer Sortenvielfalt, im speziellen auch alte Sorten sowie Neuzüchtungen; Verwendung von saisonalen Gartenprodukten für eine gesunderhaltende Ernährung
Therapie und Prophylaxe mit Pflanzen, insbesondere Kräutern; Wege- und Freiraumgestaltung; Pflanzen und Tiere in den verschiedensten Biotopen.

2 Nenne Pflanzenarten, die gegen Erkältungskrankheiten helfen!
Echte Kamille, Thymian, Sanddorn, Spitzwegerich, Linde, Johannesbeere, Anis, Fenchel

3 Nenne Pflanzengifte, die lebensgefährlich sein können!
Atropin, Colchicin, Coniin, (Opium, Morphin)

Seite 153 (Material)

Material A – Sammeln von Heilpflanzen

A1 Begründe, warum es wichtig ist, die Regeln zum Sammeln von Heilpflanzen zu beachten!
Es ist wichtig, die Regeln zum Sammeln von Heilpflanzen zu beachten, weil giftige Pflanzen lebensgefährlich sein können. Man muss die Pflanzenarten gut unterscheiden können, damit die Heilenden Pflanzen wirklich helfen können.
Wenn man die Naturschutzbestimmungen nicht einhält und geschützte Pflanzen einfach mitnimmt, sterben seltene Pflanzen schneller aus. Die Pflanzen können sich auch nicht vermehren, wenn man sie abpflückt.
Wenn man frische und saubere Pflanzenteile nimmt, kann man sicher sein, dass die Wirkstoffe wirklich enthalten sind und keine anderen Stoffe durch Verschmutzungen mit aufgenommen werden.

A2 Informiere dich über die Wirkung von Giersch, Sauerampfer, Gundermann, Knoblauchrauke, Vogelmiere und Hirtentäschel! Fertige für zwei dieser Pflanzen einen Steckbrief an!
Knoblauchrauke
Pflanzenfamilie: Kreuzblütengewächse
Vorkommen: Feldränder, Wegränder, Wiesen
Sammelgut: frische Laubblätter, Blüten
Anwendung: wirkt als Tee oder Presssaft
Gewürzkraut , bei Rheuma, Gicht, Asthma, Vitamin-C Mangel, Zahnfleischentzündung, Ekzemen, Katarrh der

Luftwege, Gelbsucht, Wunden und schlecht heilenden Geschwüren.
antiseptische, Auswurf fördernde, harntreibende, appetitanregende, spasmolytische, blutreinigende und verdauungsfördernde Wirkung

Vogelmiere
Pflanzenfamilie: Nelkengewächse
Vorkommen: Feldränder, Wegränder, Wiesen
Sammelgut: frische Sprosse
Anwendung: regen den Stoffwechsel und die Verdauung an, Vitamin C-haltig gegen Hautprobleme: Schuppenflechte und juckende Ekzeme kann sie lindern

Sauerampfer
Pflanzenfamilie: Knöterichgewächse
Vorkommen: Feldränder, Wegränder, Wiesen
Sammelgut: Laubblätter
Anwendung: viel Vitamin C, erfrischt, gegen Frühjahrsmüdigkeit. Tee zur Stärkung der Verdauung
blutbildend, blutreinigend, harntreibend

A3 Sammle mithilfe eines Pfanzenbestimmungsbuches Heilpflanzen und fertige damit eine Ausstellung oder eine Fotodokumentation an!
Individuelle Schülerantwort

Material B – Heilpflanzen in der Küche

B1 Notiere ein Rezept für einen Salat mit Wildkräutern!
Beispiel Löwenzahnsalat:
Schneide eine Zwiebel und eine Knoblauchzehe in feine Würfel und streue Salz darüber, beides eine Zeit ziehen lassen. Löwenzahnblätter gründlich waschen, in lauwarmes Wasser einlegen, damit der Löwenzahn ein wenig seiner Bitterkeit verliert.
Für das Dressing etwas Essig, Sauerrahm oder Schmand, Sahne und etwa zwei Teelöffel Zucker oder Honig vermengen.
Schneide anschließend die Löwenzahnblätter in feine Stücke und hebe sie unter das Dressing.

B2 Stelle dein eigenes Würzöl her, indem du in eine Flasche mit Rapsöl einige Blätter und Zweige Rosmarin, Thymian oder Dill gibst!
Individuelle Schülerantwort.

B3 „An apple a day keeps the doctor away." Erläutere diese Aussage!
Die Aussage übersetzt ins Deutsche lautet: „Ein Apfel am Tag und der Doktor bleibt, wo er mag." Das bedeutet, dass man jeden Tag einen Apfel essen sollte, um gesund zu bleiben. Wenn man nicht krank ist, braucht man auch keinen Arzt. Dieser Spruch deutet an, dass zu einer gesunden Ernährung viel Obst und Gemüse gehört. Die darin enthaltenen Vitamine, Mineralstoffe und Ballaststoffe sind wichtig für den Körper.

Material C – Paracelsus

C1 Erkläre die Aussage von PARACELSUS!
Paracelsus meint, dass manche Stoffe sowohl helfen als auch schaden können. Der gleiche Stoff hat unterschiedliche Wirkungen, je nachdem wie groß die aufgenommene Menge beziehungsweise Dosis ist. In einer geringen Dosis kann zum Beispiel der Wirkstoff des Roten Fingerhutes in Medikamenten gegen Herzkrankheiten eingesetzt werden. Der Patient muss aber eine genau angegebene Menge des Arzneimittels als Tablette einnehmen. Nimmt er zu viel davon, bewirkt die größere Menge eine Verschlechterung des Gesundheitszustandes, der gleiche Stoff wirkt als Gift und kann dann sogar tödlich sein.

4 Leben in der Pfütze

Untersuchung von Gewässerproben

Seite 155 (Material)

Material A – Bedeutung von Plankton

A1 Ordne den Nummern 1 bis 4 folgende Begriffe zu: Konsument, Produzent, Fleischfresser, Pflanzenfresser, Friedfisch und Raubfisch!
1= Produzent; 2= Konsument, Pflanzenfresser; 3= Konsument, Pflanzenfresser, Friedfisch; 4= Konsument, Fleischfresser, Raubfisch

A2 Beschreibe die dargestellte Nahrungskette! Nenne dabei die abgebildeten Lebewesen!
Am Anfang dieser Nahrungskette findet man die Algen. Sie produzieren mit Hilfe der Fotosynthese organische Stoffe, die die Nahrungsgrundlage für alle nachfolgenden Organsimen bilden. Dann folgen die tierischen Organismen (Plankton). Sie sind Pflanzenfresser. Von diesem Plankton ernähren sich die Friedfische, z. B. die Rotfeder. Sie sind ebenfalls Pflanzenfresser. Am Ende dieser Nahrungskette steht der Hecht. Er ist ein Raubfisch und ernährt sich von Friedfischen.

A3 Erläutere die Bedeutung des Planktons für das Leben im Wasser!
Plankton, pflanzliches und tierisches, bildet die Nahrungsgrundlage für alle anderen Organismen. Fällt diese Grundlage aus, sterben alle anderen Organismen.

Material B – Wir suchen Leben im Tümpel

B1 Mikroskopiere bei stärkerer Vergrößerung! Suche zunächst nach grün gefärbten Lebewesen und zeichne einige davon!
Individuelle Schülerantwort.

B2 Bestimme die Arten! Nimm dafür die Abbildung und die Seite 154 zu Hilfe!
Individuelle Schülerantwort.

B3 Finde anhand der gefundenen Arten die Wasserqualität der Wasserprobe heraus!
Individuelle Schülerantwort.

B4 Mikroskopiere bei geringer Vergrößerung! Suche nach Lebewesen, die sich bewegen! Zeichne einige davon!
Individuelle Schülerantwort.